V

Ⓒ

LA CUISINE

DES

PAUVRES.

V

LA CUISINE
DES PAUVRES,

OU

Collection des meilleurs Mémoires qui ont
parus depuis peu,

*Soit pour remédier aux accidens imprévus de la disette
des Grains, soit pour indiquer des moyens aux
Personnes peu aisées, de vivre à bon marché
dans tous les tems.*

Dédié aux États Généraux de Bourgogne.

Par un Ancien Officier desdits États.
(Mr. Varenne de Beost.)

A DIJON

Chez DEFAY, Imprimeur des susdits États, de la Ville,
de l'Université, & des Fermes du Roi.

M. DCC. LXXII.

TABLE

Des Pieces contenues dans ce Recueil.

TABLE.

AVANT-PROPOS.

AVANT-PROPOS

DE L'ÉDITEUR.

LE hazard ayant fait tomber entre mes mains deux petites Brochures imprimées à Zurich, sur l'emploi économique des Pommes de terre, j'ai pensé que la traduction de ces Ouvrages, pourroit devenir utile à ma Patrie. J'y ai travaillé avec d'autant plus d'empressement, que connoissant les Suisses pour une Nation industrieuse, dont le Gouvernement est trop sage pour adopter de vaines spéculations, on m'avoit d'ailleurs assuré que celle dont il s'agit, avoit été justifiée par l'expérience, & l'étoit encore journellement. On est étonné de voir jusques où les Habitans du Jura & des Alpes, ont porté l'attention sur l'épargne du Bled. La nécessité est la mere de l'invention & des ressources.

La disette des Grains, qui se fit sentir dans la Suisse, en 1770, donna lieu au Canton de Zurich, l'un des plus peuplés de la République, de s'occuper du soin de ménager la consommation des Farines, & de tirer le plus grand avantage possible de celle dont l'emploi est inévitable. Les tours de mains des Muniers & des Boulangers, ont été examinés de si près, qu'on a peine à concevoir la différence de ce qu'ils sont aujourd'hui obligés de rendre de Farine & de Pain, par comparaison avec ce qu'ils en rendoient auparavant. On prétend que cette différence va à plus d'un quart sur le tout.   a

La Régence de Zurich est descendue dans les moindres détails sur ce que consomment les Ouvriers, qui par état, emploient de la Colle de Farine, tels que les Cartonniers, les Relieurs de Livres, les Epiciers, à cause de leurs sacs de papiers, les Vitriers, &c. Il leur est sévérement défendu de se servir d'autre Farine que de celle qui se fait avec des Pommes de terre.

Cet objet, tout médiocre qu'il paroisse d'abord, est essentiel dans un Pays qui, comme la Suisse, ne produit pas assez de Bled pour nourrir ses Habitans plus des deux tiers de l'année. Ce ne seroit pas même une économie à négliger en France, sur-tout dans les grandes Villes & dans certaines Manufactures, (*) où la quantité de Froment que l'on emploie à de la Colle de Farine, est fort considérable.

Peut-être feroit-on aussi de très-bon Amidon, de l'Empois & de la Poudre à cheveux, avec des Pommes de terre.

Les Suisses ne sont pas cependant les premiers ni les seuls qui aient imaginé d'employer des Pommes de terre à faire du Pain ou d'autres compositions économiques. Les Sociétés d'Agriculture, établies en diverses Provinces du Royaume, s'en occupent depuis plusieurs années, avec succès.

Dès 1767, M. Mustel publia à Rouen, un *Mémoire* intéressant, *sur les Pommes de terre & le Pain économi-*

(*) » La Farine de Pommes de terre est préférable à celle de Fro-
» ment, pour faire la Colle des Tisserans, parce qu'elle a cet avantage
» essentiel de ne point entrer aussi aisément que la Colle faite avec la Fa-
» rine de Froment, dans une fermentation dont les progrès font pourrir
» les Toiles même sur le Métier.
    Voyez page 140. des *Mémoires Hist. & Économ. sur le Beaujolois*, par
Mr. Brisson. Lyon 1770.

que. Un autre Ouvrage non moins utile, parut dans la même Ville, en 1770, sous le titre de *Lettre d'un Citoyen à ses Compatriotes, au sujet de la culture des Pommes de terre.*

Ces productions d'un zèle patriotique & éclairé, ne sauroient être assez répandues. On ne peut que les voir avec plaisir, figurer dans un Recueil destiné au soulagement des Pauvres, cette portion trop nombreuse de l'humanité : c'est, d'ailleurs, seconder les vues du Gouvernement, qui a montré d'une façon non équivoque, le desir d'encourager en France, la culture des Pommes de terre, par l'avis qu'a demandé M. le Contrôleur Général, aux Médecins de la Faculté de Paris, sur les propriétés de ces Racines. Leur Consultation fut imprimée l'année derniere, à l'Imprimerie Royale, & distribuée dans les Provinces, par l'ordre du Ministre : j'ai cru devoir aussi l'inférer dans ce Recueil, dont elle ne fait pas l'une des moins utiles parties.

Mais comme on ne sauroit trop faciliter les moyens de mettre en pratique les conseils, même les plus avantageux, afin d'ôter à la paresse, les excuses que le plus léger embarras ne manque jamais de lui fournir, j'ai pris le parti de faire graver les deux Machines dont l'Ouvrage que j'ai traduit, ne contient que la description. L'Ouvrier le moins intelligent de la Campagne, sera en état de les exécuter ; elles ne sont compliquées ni l'une ni l'autre : la première, sur-tout, est si simple & si peu coûteuse, que la seule curiosité inviteroit à en faire l'essai, indépendamment de tout autre motif.

Si j'avois été à portée de faire personnellement des expériences, je m'y ferois livré avec ardeur, & j'en offrirois les réfultats à mes Compatriotes; mais ne pouvant faire plus, je tâche dumoins, en qualité de Traducteur & d'Editeur, de marquer mon amour & mon attachement pour mon Pays. Je m'eftimerai très-heureux, fi les preuves de mon zèle, peuvent mériter l'approbation des Etats Généraux de la Province, & s'ils jugent mes foibles efforts dignes de concourir au fuccès de leurs vues pleines de fageffe, pour l'adouciffement de la mifere des Peuples, dont ils ont à concilier les befoins & les intérêts, avec les intérêts & les befoins de l'Etat, qui en font inféparables.

AVIS

A V I S

CONTENANT *la maniere de se nourrir bien & à bon marché, malgré la cherté des Vivres.*

Traduction libre de l'Allemand.

LA Providence qui manifeste par-tout la sagesse de ses décrets, a voulu que les événemens, même les plus malheureux, pussent devenir utiles, & que l'homme prudent & avisé, sçût en tirer de très-grands avantages.

L'EXEMPLE récent que nous en avons sous les yeux, devient une nouvelle preuve de cette vérité incontestable, & qui doit affermir de plus en plus dans nos cœurs, la plus tendre reconnoissance des bienfaits du Tout-Puissant.

LA cherté des Vivres, suite immanquable & funeste des récoltes stériles, causoit les plus vives allarmes dans la Suisse : nos Peuples dans la consternation, redoutoient les horreurs d'une famine prochaine ; mais tandis que le Pauvre exténué, se croyoit à la veille de succomber enfin sous le poids de sa misere, des Magistrats éclairés, des Citoyens vertueux, réunissoient à l'envi, les ressources de leur imagination, pour y trouver le remede à l'indigence, & le Ciel bénissoit leurs travaux.

QUE de graces à rendre à la Régence qui prend soin de nous gouverner! Que de familles soutenues par ses sages précautions! Que de peres! Que d'enfans lui devront la vie, la force, la santé!

PARMI les moyens que la Providence lui a suggérés, on doit donner sans contredit, la préférence à l'usage qu'elle a fait déjà pratiquer avec tant de succès, d'une composition qui rassemble à la fois le triple avantage d'être salubre & agréable au goût, & à fort bon marché. Les Domestiques, le Paysan, le Bourgeois, la Noblesse même en ont usé, & tous n'y ont reconnu que d'excellentes qualités.

CETTE nourriture suffit sans aucune autre. Elle convient à tous les âges de la vie. L'enfance, la vieillesse s'en trouvent également bien. Elle est essentiellement préférable à la nourriture ordinaire du Peuple, dans les années d'abondance.

ON ne prétend pas cependant annoncer cette composition comme une découverte nouvelle. Nous sçavons au contraire, qu'elle fut mise en pratique il y a quelques années, en France, par un Pasteur très-éclairé, (*a*) qui l'employa pendant trois mois entiers, à nourrir près de quatre cents Pauvres de sa Paroisse; nous sommes instruits pareillement, que cet exemple a été imité dans plusieurs autres Provinces, & qu'elles eurent lieu de s'en applaudir: cela pouvoit-il arriver autrement? On va

---

(*a*) Il paroît que l'Auteur Suisse a voulu parler du Curé de Saint Roch à Paris; c'est ce qui a engagé l'Editeur de cette Collection, à y joindre la Brochure publiée en 1769, par les soins de son respectable Pasteur, & rédigée par M. Sellin, Docteur-Régent de la Faculté de Médecine en l'Université de Paris, & homme éclairé en matieres économiques.

,, Je souhaite, (marque-t-il à l'Editeur, par une Lettre du 17 Avril dernier, en lui envoyant des exemplaires de sa Brochure,) ,, que mon Riz économique fasse à sa destina-,, tion, autant de bien qu'il nous en a procuré dans cette Paroisse; il est particulierement ,, salutaire aux pauvres Nourrices, par cette vérité, que *la population tient à la bonne* ,, *nourriture*; ce qui me paroît démontré par la Lettre du Curé de Mondreville, que je ,, joins à ce paquet.

D'après l'opinion de ce savant Médecin, on a pensé que la Lettre du Curé de Mondreville ne seroit pas déplacée dans ce Recueil.

voir qu'il n'entre dans ce mélange que des alimens fains , favou-
reux & convenablement affaifonnés.

PRENEZ

	Florins.	Sols.	Kreutzers.
2 livres de Riz , à 5 f. la livre.	O	10	»
7 liv. de Pommes de terre, à 1 f. ½ la liv.	»	10	6
1 livre de Citrouille (ou Potiron,) à	»	1	»
1 livre 8 onces de Carottes.		1	0
1 livre 12 onces de Navets , ou Raves.			6
» 6 onces de Beurre, à 12 f. la liv.		4	6
» 6 onces de Sel.		1	
2 livres de Pain.		10	
28 livres d'Eau ; (ce qui eft à peu près la			
		38	6

TOTAL. 44 liv.   quantité qui refte de celle qu'on a employée pour cuire la totalité des matieres ci-deffus.

CES quarante-quatre livres (*a*) fuffifent pour nourrir vingt perfonnes pendant deux jours.

FAISONS maintenant une comparaifon entre le prix qu'il en coûte à vingt perfonnes pour fe nourrir par notre méthode , & celui de la dépenfe que feroit pareil nombre de perfonnes en fe nourriffant de pain fec.

ON fuppofe qu'un homme fait , qui ne vivroit que de pain & d'eau , puiffe fe foutenir avec une livre de pain feulement ; il en

---

(*a*) 1°. Que 98 livres de Zurich, équivalent 100 livres, poids de Paris.
2°. Que le louis d'or neuf, lequel eft le louis de 24 livres en France, vaut en Suiffe , dix florins & quelques fols , car cela varie.
3°. Que le florin vaut 40 fols de Zurich, & par conféquent que le fol de Zurich eft plus fort d'un neuvieme que celui de France.
Pour faciliter le calcul, on eftimera les 38 fols 6 Kreutzers, monnoie de Suiffe, comme étant en valeur de 40 de France; ce qui en effet differe peu de la réalité, & qui en tout cas, ferviroit à payer le prix du feu néceffaire pour cuire les matieres , & que l'Auteur Allemand n'a pas évalué.

mangera pour cinq sols par jour , (au prix actuel d'un pain du poids de deux livres , & qui coûte dix sols ,) par conséquent , pour dix sols pendant deux jours.

A ce compte, la nourriture de vingt hommes pendant le même temps , reviendra donc à une pistole.

Mais si ces mêmes vingt personnes, aulieu de ne manger que du pain seul & boire de l'eau, ce qui assurément ne contribue pas à maintenir les forces, & encore moins à les augmenter , préférent au contraire la composition que nous venons d'indiquer, laquelle est appétissante & très-nutritive, il n'en coûtera qu'un sol par jour à chacun, aulieu de cinq sols ; de sorte qu'avec la même somme, on pourra nourrir cent hommes aulieu de vingt; ou ce qui revient au même , qu'on épargnera quatre cinquiemes de la dépense ; & que d'ailleurs , ils feront beaucoup meilleure chere avec quarante sols, qu'ils n'auroient fait avec dix francs.

Ce dernier point ne sauroit être contesté : les ingrédiens qui entrent dans notre composé, se servent à la table des riches comme à celle des pauvres. Tout le monde les connoit , & personne n'en ignore les excellentes qualités.

Si toute-fois quelqu'un pouvoit douter de la bonté de la méthode que nous proposons, nous le renverrions aux expériences suivies, qui en ont été faites en France , & aux Certificats des savans Médecins qui l'approuvent & la recommandent.

Ces Certificats annoncent entre autres , que les enfants qui avoient usé d'une nourriture différente de celle-ci, avoient été attaqués de mal aux yeux, de gale, d'ulceres & de quantité d'autres infirmités.

Après avoir indiqué les parties constitutives du mets dont nous recommandons l'usage , il devient nécessaire d'enseigner la maniere de l'apprêter.

1°. Vers les quatre heures du soir , faites bouillir à-peu-près

quatorze

quatorze bouteilles d'eau dans une marmite : prenez-en plein une cuillere à pot, & la verfez toute bouillante fur votre Riz, pour l'abreuver & le nétoyer. Cette premiere eau chargée d'impuretés, étant rejettée, recommencez encore une fois la même opération, avec pareille quantité d'eau bouillante ; après quoi lavez exactement le Riz dans l'eau froide, & étant égoûté, placez-le dans une marmite fermée de fon couvercle, où vous le laifferez mitonner tout doucement au coin du feu, pendant la nuit.

LE lendemain on mettra les Pommes de terre dans une autre marmite, (avec de l'eau chaude ;) on les remuera bien pour en détacher toute la terre, & l'enlever à force d'y verfer de l'eau froide, jufqu'à ce qu'elle en forte claire & nette : la marmite ayant été enfuite bien rincée, & les Pommes y étant mifes de rechef, avec de nouvelle eau en quantité fuffifante, pour qu'elles en foient entiérement recouvertes, on les fera cuire. Lorfqu'elles le feront fuffifamment, on retirera du feu, la marmite qui les contient, dont on verfera l'eau ; puis on mettra à part les Pommes de terre dans un vafe de bois ou d'autre matiere, pour les réduire en pâte. Le moyen d'y parvenir promptement, eft de manier & pétrir ces racines tandis qu'elles font encore chaudes ; car fi la peau avoit eu le tems de fe deffécher, elle ne fe fépareroit plus ; il faudroit alors les peler. Cela fait, on filtre cette pulpe à travers une paffoire à purée, & l'on y ajoute peu-à-peu, deux à trois bouteilles d'eau tiede, pour la réduire en confiftance de bouillie. (*a*)

3°. AYANT coupé les raves en morceaux, on les fait bouillir pendant une heure & demie, fuivant le befoin ; on les remue pour les écacher & en faire une pâte un peu plus épaiffe : s'il refte du jus, on le rejette, étant de mauvais goût.

_____

(*a*) Comme cette opération eft un peu longue, on peut l'abréger en faifant ufage de l'une des Machines que le Traducteur a fait graver, & qui fe trouvent jointes au Mémoire fuivant.

4°. On réduit pareillement en petits morceaux les Carottes & la Citrouille, & après les avoir laissés bouillir suffisamment ensemble, dans six à sept bouteilles d'eau, on les pétrit de façon à ce qu'elles puissent coûler à travers la passoire. L'eau qui en décoûle, étant agréable, on ne la rejette pas, comme on a dû faire de la précédente.

5°. Tout ce que nous venons de prescrire étant exécuté, on revient à la marmite qui contient déja le Riz, & dans laquelle il faudra verser les autres Ingrédiens ; ainsi elle doit être de grandeur suffisante. On allumera de nouveau, du feu sous cette marmite, dans laquelle on ajoutera six onces de Beurre & autant de Sel, qu'il aura fallu dissoudre auparavant, dans suffisante quantité d'eau chaude : on fera cuire doucement ce mélange, en le remuant continuellement pendant l'espace de deux heures à deux heures & demie, au bout desquelles, on jettera dans ladite marmite, deux livres de Pain brisé en très-petits morceaux, & l'on soutiendra le feu encore une demi-heure, après quoi le tout se trouvera en état d'être servi. Une cuillere de bois, capable de contenir une demi-livre de notre mets, étant plongée à deux reprises, dans la marmite, en retire la dose suffisante pour la nourriture journaliere d'un homme.

6°. Il est aisé de concevoir qu'au défaut de quelques Ingrédients de la recette ci-dessus, on y supplée par une plus grande quantité des autres. Supposé, par exemple, que le tems des Pommes de terre fraiches, fût passé, que la premiere provision fût épuisée, ou ce qu'il en resteroit, ne valût rien, nous pensons que l'on pourra y substituer des Pommes de terre seches, ou des Poires aussi desséchées. (*a*) Dans ce cas, nous conseillons de les des-

_____

(*a*) La Farine de Poires seches, peut non seulement suppléer celle de Pommes de terre ; mais les Pommes qui croissent sur les arbres, ont aussi été employées, étant fraiches, à faire de très-bon Pain. L'invention de ce nouveau Pain économique, est due à M. le Chevalier Duduit de Mezieres. M. de Querlon, ce juste & solide appréciateur des découvertes pré-

fécher de nouveau au four ou autrement , avant d'en faire ufage ; cette précaution les rendra plus faines & plus propres à être réduites en bouillie. Au défaut de Beurre, le Lait peut être employé avec fuccès : le Lard feroit encore meilleur ; mais fi l'on avoit quelque piece de viande à faire bouillir avec le Riz , cela donneroit le dernier degré à notre compofé.

7°. COMME la méthode que l'on indique , eft auffi facile à fuivre , que peu difpendieufe , il y a apparence qu'elle préviendra déformais, toute efpèce de murmures de la part du Peuple , dans le cas de difette. Nous répétons qu'elle convient également aux Vieillards décrepits , & aux Enfants en très-bas âge ; de forte que par une fuite ordinaire de la fageffe de la Régence , & avec l'aide des Couvents , des Bailliages , des Fondations pieufes , & l'affiftance des Gens de bien, la mifere de nos Pauvres, va fans doute fe trouver confidérablement foulagée , & ils n'auront plus à redouter les cruels ravages de la famine.

8°. LES familles nombreufes s'entretiendront au poids marqué.

---

fentées comme utiles à la Société , a trouvé celle-ci trop intéreffante' pour négliger d'en faire part au Public. On ne fera pas fâché de retrouver ici ce qu'il en a dit cette année (1771 ,) dans fes Feuilles hebdomadaires des Affiches, Annonces & Avis divers. On y lit ces mots , pag. 51.
  ,, Un Particulier de Provins, a fait cuire dans l'eau, un tiers de Pommes-fruits, (non de ,, Pommes-racines ou de terre ,) qu'il a fait écrafer toutes chaudes dans deux tiers de Fa- ,, rine, y compris le levain. Le tout a été pétri fans eau, le fuc des Pommes ,, ayant fuffi. Quand ce mélange a été en confiftance de pâte , on l'a mis dans une fébille ,, ou jatte de bois , où il a levé pendant la nuit, c'eft-à-dire, dans une efpace de douze heu- ,, res. On l'a mis au four ; il en eft forti un Pain qui n'avoit aucun goût de fruit ; avan- ,, tage que n'a pas le Pain où il entre des Pommes de terre Ce Pain étoit frais , léger , ,, plein d'yeux , de facile digeftion. On a obfervé qu'après la cuiffon, le tiers de Pommes ,, avoit produit fon tiers de poids dans la totalité du Pain. Cette méthode eft donc ,, une reffource utile, peu difpendieufe & faine , pour les temps de difette ou de cherté ,, des Grains , quelle qu'en foit la caufe, l'inclémence du Ciel, ou l'avarice des Hommes.
  M. de Quefton, nous attefte , d'après fa propre expérience , dans fa vingt-unieme Feuille, que le Pain économique, annoncé dans la treizieme Feuille, eft tout-à-la-fois appétiffant , nourriffant , rafraîchiffant , d'un goût agréable ; qu'il a paru tel à plufieurs perfonnes auxquelles il en a fait goûter ; & qu'un enfant de trois ans & demi, qui en a mangé, & en a redemandé plufieurs fois, le croyant une efpèce de gâteau, l'a digéré tout auffi facilement que le Pain auquel il eft accoutumé.

Celles au contraire pour qui cette même dose deviendroit trop considérable, pourront la réduire à proportion de leur nombre ; mais le parti le plus avantageux en pareille circonstance, seroit que plusieurs familles du voisinage, prissent le parti de se réunir pour faire cette cuisine en commun ; elles épargneroient par ce moyen, & du tems & du bois, pour cuire les matieres ; on en prépareroit aisément quatre cent cinquante livres à la fois ; quantité suffisante pour nourrir cent personnes pendant quatre jours. Il est vrai qu'il faudroit pour cela, un assez grand vaisseau ; mais outre qu'il y a peu de Villages où il ne se trouvât quelque chaudiere capable de contenir ladite quantité , les avantages qu'on retireroit de cette réunion, mériteroient bien que l'on fit quelques efforts pour se procurer de pareils vaisseaux.

. On devroit sur-tout, pratiquer cette méthode dans les Villages où il y a beaucoup de Pauvres, qui ne vivans que d'aumônes, n'ont pour la plupart, ni chaudron ni marmite, ni aucun vase propre à faire de la soupe, & qui ne pourroient par conséquent, retirer aucune utilité de l'avis que nous leur donnons. Ils mourroient de faim & de misere à côté même des facilités qu'on leur présente ici pour leur sauver la vie.

Les Couvents, les Maisons de Fondations pieuses, feroient très-bien d'avoir de notre composé tout prêt, en grande quantité, afin de se trouver sans cesse en état de soulager les Pauvres de leur voisinage ; car ce n'est pas seulement une loi générale de l'humanité, un précepte essentiel de la Religion Chrétienne, un devoir naturel de la Charité, de venir aux secours des malheureux. Notre intérêt nous y convie pour le bien général de la Société : en faisant donner aux Pauvres, notre préparation, on épargne les quatre cinquiemes sur leur nourriture ; ou, ce qui est la même chose, quatre francs sur cent sols.

.9°. Mais pour que les Pauvres Passagers, les Voyageurs indigents pussent aussi profiter de cette économique composition, nous invitons les Cabaretiers à en tenir, & à la laisser à un prix raifonnable, à ceux qui ne font point en état de faire une chere plus délicate & plus recherchée : en cela, ils feront un acte agréable à Dieu , & attireront la Bénédiction du Ciel fur leur maifon.

Qui empêcheroit auffi que quelques Particuliers charitables n'en préparaffent de même , pour la laiffer au prix coûtant, s'ils n'étoient pas en état d'en faire un don abfolu ? Cette denrée peut fe conferver pendant quatre ou cinq jours, & peut-être davantage. Lorfque que l'on defire la réchauffer, il ne s'agit que d'y ajouter un peu d'Eau chaude ou Lait , & de remuer le tout pendant qu'il eft fur le feu.

10°. En qualité d'Auteur de cet Avis , nous fouhaitons bien fincérement que la méthode qu'il renferme, puiffe prendre faveur dans ce Pays. Nous fommes d'autant plus fondé à l'efpérer, qu'elle a déjà réuffi dans d'autres Pays, où l'on continue de l'y pratiquer avec fuccès. Quoique le bien-être de tous les Hommes en général , nous intéreffe infiniment ; qu'il nous foit permis cependant, de prendre un intérêt encore plus marqué pour la Suiffe en particulier ! L'amour de la Patrie, doit animer tous bons Citoyens. Dans cette vue, nous invitons nos Compatriotes & finguliérement MM. les Curés, & les perfonnes revêtues de quelque dignités , à faire leurs efforts , pour que l'Avis que nous préfentons au Public , foit mis à exécution le plus fouvent que faire fe pourra. Nous nous engageons même à remettre deux écus neufs (*a*) à chacune des quatre premieres perfonnes de quelque Pays & Religion qu'elles foient , qui nous apporteront un Certificat de la main de leur Curé, qu'il a été fait ufage de notre compofé, dans fa Paroiffe , & qui attefte qu'au moins vingt perfonnes s'en foient fervies pour unique nourriture pendant l'efpace de huit jours : obfervant d'ajouter l'effet que cet ufage aura opéré , & combien ces vingt perfonnes auront dépenfé. Ces deux écus feront employés ,

---

(*a*) Ce qui fait douze francs , monnoie de France.

si l'on veut, à donner quelques petits secours aux plus Pauvres de la Paroisse.

11°. Nos Gens de la Campagne, sont à portée de planter & cultiver les Racines & Légumes qui entrent dans la nourriture proposée ; il y en a déjà même actuellement une grande quantité dans le Pays. Le Riz est le seul Ingrédient pour l'achat duquel il faille débourser de l'argent ; mais nous croyons qu'à tout prendre, il y auroit moyen de s'en passer ; rien n'empêcheroit peut-être, de lui substituer de l'Orge ou de l'Avoine brisée : qui sait même si les Pois ou les Feves moulues, ne rendroient pas à-peu-près le même service que le Riz ? En tout cas, nous sommes assurés que ces Graines produiroient toujours une bonne & favoureuse nourriture.

12°. Il a plu à NOS TRÈS-GRACIEUX SEIGNEURS, pour faire cesser les plaintes dictées par la misere & la disette, d'accorder à tout Habitant pauvre de la Campagne, & qui n'ayant aucune propriété, n'est pas même sujet aux charges publiques, un arpent ou environ, de terre, suivant ses besoins, dans les pâturages communs de son Village.

Par cet insigne bienfait, il n'y a plus aucun Habitant qui ne soit assuré de sa subsistance, dès qu'il voudra travailler à mettre en valeur l'héritage qui lui est accordé. Il y plantera des Pommes de terre, des Légumes, des Pommiers, des Poiriers, en un mot, tout ce qu'il croira lui convenir le mieux ; mais dès cet instant, il lui est interdit de demander l'aumône autre part que dans son Village.

Cependant pour achever de dissiper tout prétexte de paresse ou d'impuissace à labourer & cultiver ce terrein, faute de fonds nécessaires, on pourroit ajouter à cette premiere grace, celle de payer à chacun de ces nouveaux Propriétaires, pendant la premiere année de leur jouissance, autant de fois, sept à huit sols, qu'il emploiroit de jours entiers à labourer son champ. On prendroit cette somme sur les fonds de l'Eglise, destinés à l'entretien des Pauvres. La feconde année, on fe contenteroit de lui donner moitié feulement de la fomme de l'année précédente. Et pour les fuivantes, il ne devroit plus avoir befoin d'aucune affiftance. Ce feroit là un excellent moyen de hâter les améliorations d'une grande quantité de terres prefque inutiles, de prévenir la dépopulation, ou d'empêcher que les Villages ne fuffent furchargés d'un très-grand nombre de miférables abfolument dépourvus de toute efpèce de reffource.

Nous terminerons cette feuille par quelques réflexions qui nous paroiffent importantes.

Par-tout où s'introduira l'ufage de notre Méthode, les Ouvriers qui la pratiqueront, fe trouveront en état de vivre à l'aife, du produit de leur travail; ils auront une nourriture bonne & faine; & par l'épargne qui en réfultera, en comparaifon de ce qu'ils dépenfent aujourd'hui, ils gagneront dix, vingt, trente & quarante fois plus qu'ils ne le font préfentement : ils feront donc en état d'élever mieux leur famille, de fe donner des vêtemens convenables, & de fe procurer même quelque délaffement au moyen de l'épargne qu'ils auront faite fur leur néceffaire.

Quantité de pauvres Habitants de nos Villages, forcés de vendre leurs denrées, leur foin, leur bétail, tout ce qu'ils poffédent enfin, pour fubftanter pendant quelques jours leurs enfants miférables, ne feront plus réduits à cette affreufe néceffité; ils fe trouveront alors en état de mieux cultiver leurs terres, & d'y recueillir des aliments dont ils fe nourriront à bon marché, eux & leur famille; ils éviteront une ruine prochaine, dont les triftes effets réjailliffent fur le Pays. Ils feront de plus, en état de payer exactement les intérêts des prêts, & de rembourfer les avances qui leur auront été faites; de fupporter les charges de l'Etat; de contribuer à fa gloire & à fa profpérité. Quelle confolation pour eux! Quel bonheur pour la Patrie!

Enfin, (fuppofant toujours cette maniere de fe nourrir, introduite dans notre Pays ,) combien d'argent ne nous reste-roit-il pas pour nos besoins intérieurs , tandis que nous le voyons passer chaque jour , chez l'Étranger ? L'importance de cette con-sidération, n'a pas besoin d'être appuyée par des raisonnements , elle doit seule ouvrir les yeux à la Nation, sur ses propres intérêts, & engager toute personne chargée dans l'État , des affaires politiques . & de finances , à redoubler de soins , pour y fixer notre Méthode économique.

MÉMOIRE

MÉMOIRE

Contenant *une Méthode sure pour faire du Pain de Pommes de terre, bon & agréable au goût.*

Traduction libre de l'Allemand.

LA cherté exceſſive des Grains, dont les funeſtes effets ſe ſont fait reſſentir particulierement dans la Suiſſe, y a donné lieu à diverſes tentatives, pour ſuppléer au Bled qui lui manquoit. On s'eſt efforcé de chercher quelque eſpèce de nourriture capable de tenir lieu du pain ordinaire, fait avec du Froment.

LA plupart de ces Eſſais euſſent été très-utiles ſans doute, & l'on doit également regretter que les uns n'aient pas été publiés, & que quelques autres, que l'on a voulu mettre en pratique, n'aient pas été exécutés avec autant de ſoins & de précautions qu'ils méritoient.

MAIS de toutes les inventions qui ſont venues à ma connoiſ-

C

fance, celle DE CONVERTIR LES POMMES DE TERRE EN PAIN, me paroit frapper le but mieux que les autres, & avoir un ufage plus étendu.

ELLE s'accorde parfaitement avec notre habitude de manger du Pain, & elle nous fournit un moyen, je devrois peut-être dire l'unique moyen de PLANTER DU PAIN en fuffifante quantité dans notre Pays.

O idée! O fpéculation féduifante! Eft-il quelqu'un de nous qui ne foit tranfporté de joie à cette feule penfée, qu'il ne tiendroit qu'à nous de fecouer le joug de toute dépendance à cet égard? Qu'il feroit en notre pouvoir de garder dans l'intérieur du Pays, un argent immenfe, que jufqu'ici nous avons été obligés de laiffer fortir annuellement, pour fatisfaire à ce befoin? Que nous ferions les maîtres de conferver cet argent, & d'en faire tel ufage qu'il nous plairoit? Combien de Miférables ne foulagerions-nous pas, fi trouvant le moyen d'épargner d'auffi fortes fommes, nous pouvions les partager avec eux! Que d'honnêtes Citoyens, forcés à la trifte néceffité de devoir des fommes confidérables au Meûnier de leur Village, cefferoient de gémir fous des dettes auffi humiliantes!

Quelle joie pour nos Payfans, d'avoir en abondance des produits de leur crû, à vendre, & de les vendre fur-tout beaucoup plus avantageufement qu'ils n'ont pu le faire jufqu'à préfent! Quel bonheur, enfin, pour tous mes Compatriotes, de voir le Pain à meilleur marché, fans être cependant à un prix trop bas!

CETTE idée fi raviffante, n'eft rien moins que chimérique; & fi d'abord elle femble avoir l'air d'un rêve, ce rêve heureux peut s'accomplir.

LA Suiffe ne récolte annuellement des Bleds, que pour la nourrir pendant l'efpace de huit mois, de forte qu'elle eft forcée de tirer du dehors, le tiers qui lui manque pour completter fa fubfiftance pendant le refte de l'année: fi donc elle pouvoit épargner fur cette troifieme partie, & la completter, il eft évident que le tableau que je viens de préfenter, deviendroit celui de la réalité.

PERSONNE n'ofera en contefter la poffibilité, pour peu qu'il veuille fe prêter aux réflexions fuivantes ; car on pourroit,

1°. ÉPARGNER quelque chofe fur la confommation de cette troifieme partie.

2°. SEMER un peu plus de Bled, & le cultiver mieux qu'on ne le fait actuellement.

3°. COMPENSER une partie de la totalité du Bled que nous confommons, par l'ufage des Pommes de terre.

CES trois moyens économiques, fagement combinés, équivaudront aifément à ce tiers qui nous manque, & dès-lors notre objet fera rempli.

QUI empêcheroit, en effet, qu'à l'exemple de plufieurs autres Nations, nous nous accoutumaffions à manger un peu moins de Pain que nous l'avons fait jufqu'ici, à l'exception toutefois des deux années précédentes, pendant lefquelles beaucoup de perfonnes ont été forcées de retrancher de leur nourriture plus que je ne le demanderois & qu'on ne le doit réellement ? Par cette feule attention, nous gagnerions pour le moins un huitieme de la quantité de Bled qui nous manque.

SI nos Payfans continuent à porter dans nos Campagnes la même induftrie que l'année derniere, (1770) & en améliorer la culture avec autant de foin qu'ils l'ont fait, nul doute que les terres ne rendent beaucoup davantage, & que leur produit ne diminue confidérablement la néceffité où nous fommes de recourir à l'Étranger.

ENFIN, que l'on prenne généralement la réfolution d'ajouter une partie de Pommes de terre, à deux parties de Farine de Froment, pour en faire du Pain ; voilà très-certainement cette troifieme partie de Bled que nous tirons de l'Étranger, toute trouvée, fans fortir du Pays ; ou du moins, la voilà complettement remplacée.   C ij

Ce dernier moyen mérite d'autant plus de considération, qu'on sçait par une expérience suivie, que le Pain où il entre des Pommes de terre, est très-bon, très-sain & très-agréable au goût.

Il faut bien des années, je l'avoue, avant qu'une Nation parvienne à secouer entierement ses anciens préjugés, & sur-tout à réformer en totalité ses usages dans l'économie rurale : pendant ce temps, ses véritables besoins deviennent quelquefois urgents ; & le défaut du nécessaire, ainsi que le prix exhorbitant des denrées, peuvent lui causer les plus grands maux. Où en serions-nous, si la récolte des Grains n'avoit pas été passablement bonne l'année dernière ? Celle des Pommes de terre ne manquant presque jamais, nous devons en profiter, & nous hâter d'en admettre l'emploi, pour ménager nos Bleds, puisqu'elles peuvent y suppléer en grande partie, & dans toute saison.

Quantité de Particuliers, des Villages entiers, certifieront que l'usage suivi de cette sorte de Pain, leur a été également sain & avantageux ; & les gens de la Ville & de la Campagne, qui jusqu'ici se sont contentés d'en goûter, l'ont trouvé d'un goût excellent.

Quant à moi, Auteur du présent Traité, je parlerai d'après ma propre expérience & celle de ma famille : j'ose assurer que nous avons mangé pendant neuf mois consécutifs, du Pain où il entroit au moins un tiers de Pommes de terre, & que je m'en trouve si bien, que je ne me départirai jamais de cet usage, quand bien même le Bled deviendroit à très-bas prix.

J'invite donc tous mes Compatriotes à imiter mon exemple; c'est le moyen de rendre un service essentiel à notre Pays, en même-temps qu'ils se le rendront à eux-mêmes.

Qu'ils en fassent l'essai ! qu'ils le répètent plus d'une fois avant de prononcer sur mon avis ; & que ceux qui auront réussi, aient la charité d'instruire les autres, & de leur prêter la main ! De mon côté, je vais faire tout ce qu'il peut dépendre de moi, en indiquant.

1°. LA maniere de faire du Pain avec des Pommes de terre fraîches & bien conditionnées.

2°. LA maniere de les réduire en pâte.

3°. LA façon de se procurer une bonne provision de Pommes de terre séches.

4°. LA méthode d'en faire de la Farine & du Pain.

5°. ENFIN , la maniere de conserver les Pommes de terre fraîches pendant long-temps.

Maniere de faire du Pain avec des Pommes de terre fraîches.

PRENEZ de la Farine de Froment. . . . . 22 à 24 livres.
Des Pommes de terre crues. . . . . 15 à 18 livres.

FAITES bouillir les Pommes de terre ; pelez-les , puis les travaillez avec les mains ou autrement, du mieux possible , afin de les réduire en une sorte de pulpe ou pâte. Étant ainsi préparées, tenez-les en lieu frais, jusqu'au moment où vous les mettrez en œuvre , sans quoi elles s'aigriroient : vous aurez soin en même-temps , de préparer du levain suivant la méthode ordinaire : il en faudra une quantité semblable en celle qu'on emploieroit pour trente livres de Farine.

POUR unir le tout, on met d'abord le levain avec les Pommes de terre préparées ; on y verse de l'eau pour pouvoir pétrir , & l'on ajoute peu à peu la Farine.

OU bien on commence par faire la pâte comme si c'étoit pour du Pain à l'ordinaire ; puis on y mêle la pulpe de Pommes de terre , sans y mettre de nouvelle eau.

LORSQU'AVEC cette pâte vous aurez formé des Pains, ayez l'œil à ce qu'ils ne s'enflent ou ne levent pas trop.

LA pâte doit être plus ferme que pour du Pain de pur Froment, & le Four demande une bonne chaleur.

SI on vouloit faire entrer du Seigle dans ce Pain économique, les doses feroient ainsi :

> Farine de seigle. . . . . sept livres.
> De Froment. . . . . quatorze livres.
> De Feves. . . . . trois livres.
> Pulpe de Pommes de terre. . . . . douze livres.

PÉTRISSEZ le tout comme il vient d'être dit.

QUANT au Sel, il en faut un peu plus que ce que l'on en met ordinairement pour vingt-quatre livres de Farine de Bled, à cause de la douceur naturelle de la Pomme de terre.

IL n'est pas nécessaire sans doute, d'avertir que lorsqu'on prend de la Farine de Bled en plus grande quantité que je l'ai prescrit dans la recette, on doit augmenter la dose des Pommes en proportion. En général, on les met par moitié du poids de la Farine ; c'est-à-dire, qu'elles font un tiers du mélange total : ainsi pour vingt livres de Farine de Bled, il faut dix livres de Pommes de terre cuites ; & il en faudroit quinze livres, s'il y avoit trente livres de Farine.

ON concevra aisément l'immense avantage de cette pratique, si l'on réfléchit que deux livres de Pommes de terre cuites, produisent une livre de Pain ; ou que sept quarts de cette Racine, égalent en produit quatre quarts, ou un sac de Bled ; & que le Pain fait suivant ma méthode, est aussi bon, aussi agréable au goût, que du Pain de pur Froment.

De la façon de réduire en pâte les Pommes de terre.

IL y a deux Machines fort commodes pour réduire en pâte ou pulpe les Pommes de terre.

La premiere, dont je recommande l'usage principalement aux Gens de la Campagne, consiste en une piece de bois de la grandeur & forme d'un moyeu de roue de charrue, qu'on creuse bien également avec une forte tariere, & au fond de laquelle on fait tenir solidement avec des vis, ou à l'aide d'une feuillure intérieure, une plaque de fer percée de petits trous.

On assujettit cette espèce de cylindre creux, dans un banc fait d'une planche épaisse, & dans laquelle on a pratiqué une ouverture convenable pour le recevoir.

Un mandrin de bois solide, entre juste dans le cylindre, pour y faire les fonctions de pilon. On le fait jouer par le moyen d'un levier, dont l'extrêmité entre dans l'enfourchement d'une piece équarrie, fixée perpendiculairement à l'extrêmité du banc. Une cheville de fer traverse les deux côtés de l'enfourchement & le bout du levier, auquel on donne environ trois pieds de longueur. Ayant donc élevé le pilon hors de son cylindre, on remplit celui-ci de Pommes de terre cuites & pelées ; on presse avec le Pilon, en abaissant le levier, & l'on reçoit dans un vase placé sous le banc, les Pommes de terre qui s'échappent en pulpe ou purée à travers les petits trous de la plaque de métal.

Cette opération n'exige pas de grands efforts, sur-tout lorsque les Pommes de terre sont encore chaudes. Tout Ouvrier en bois est capable d'exécuter une Machine aussi simple : la suivante coûte davantage, étant plus compliquée.

Elle consiste en deux rouleaux de la longueur d'un pied, sur environ cinq pieds de diametre, fait d'un bois fort & pesant, posés dans une situation parallele, & qui se meuvent en sens contraire, par le moyen de roues dentées qu'on fait tourner à l'aide d'une manivelle. Au sommet de la Machine, est une trémie, d'où les Pommes de terre qu'on y a mises, s'échappant & passant entre les cylindres de ce Moulin, sont bien-tôt réduites en pâte. L'inspection de la figure, en indique aisément tout le jeu & la méchanique.

De la provision & préparation des Pommes de terre en sec.

LA maniere la plus avantageuse & la plus commode de faire sa provision de Pommes de terre seches pour l'Été, & suppléer en cas de besoin, aux Pommes fraiches jusqu'à la prochaine récolte, est d'en passer par le Moulin, chaque fois que l'on fait du Pain, une plus grande quantité que celle que l'on a dessein de pétrir sur le champ.

LE surplus de matiere sera mis sur un Poële, observant de ne l'y pas étendre par couches trop épaisses ; & lorsqu'elle sera parfaitement seche, on la mettra en réserve, & on la conservera avec les mêmes précautions que l'on prend pour conserver des fruits secs.

CETTE préparation, comme on voit, n'exige d'autre bois que celui que l'on consomme naturellement pour se chauffer.

ON séche aisément cinq, & même jusqu'à dix livres de pulpe de Pommes de terre sur un Poële ; (*a*) mais on doit avoir soin de n'en préparer que ce qu'il est possible de sécher tout de suite ; car les Pommes de terre passées par la Machine, ne se conservent que vingt-quatre heures au plus, sans se gâter.

De

_____

(*a*) L'usage des Poëles n'étant point aussi général, à beaucoup près, en France, qu'en Suisse, on pourroit y suppléer sans doute, par des étuves, ou bien en mettant sécher la pulpe de Pommes de terre au Four, après que le Pain est tiré, ou en le chauffant légerement tout exprès.

De la Farine de Pommes de terre.

LORSQU'ON s'eſt procuré, ainſi qu'on vient de le dire, une proviſion ſuffiſante de pulpe de Pommes de terre parfaitement deſſéchée, il faut la réduire en Farine; il ne s'agit pour cela, que de la faire paſſer dans un Moulin à bled ordinaire, mais dont les meûles cependant aient été uſées par le long travail.

TOUT ce qui reſte ſur le tamis en guiſe de ſon, n'a beſoin que d'être paſſé une ſeconde fois au Moulin, pour devenir de la Farine auſſi bonne que la première; de ſorte qu'il n'y a rien de perdu.

COMME la Farine préparée de cette ſorte, eſt en terme de Boulanger, un peu *courte*, je conſeillerois d'en faire du levain, pour lui donner le temps de pouvoir s'enfler, & ſe rendre plus facile à travailler.

SI vous pétriſſez parties égales de Farine de Bled-Froment & de Farine de Pommes de terre, vous aurez de fort bon Pain. Il ſera meilleur encore, en mettant un tiers ſeulement de cette dernière Farine, ſur deux de celle de Froment. Mais pour aller à la plus grande économie, rien n'empêche de prendre parties égales de Farines de Seigle, de Froment & de Pommes de terre.

UN quart de Pommes de terre, (*) rend pour le moins dix livres de Farine ſéche, & produit ſeize livres un quart de Pain; ce qui eſt autant que ſi l'on avoit employé les Pommes de terre lorſqu'elles étoient fraiches & récentes.

EN général on doit obſerver deux choſes à l'égard du Pain où il entre des Pommes de terre.

1°. DE ne le manger que le quatrieme jour, attendu qu'il ſe

(*) Meſure de Zurich.

D

conserve tendre beaucoup plus long-tems que le Pain de Froment.

2°. De le tenir toujours en lieu sec, & de ne jamais entasser pains sur pains.

Des moyens de conserver long-temps fraiches, les Pommes de terre.

La Société Physique de Zurich, nous ayant donné récemment la méthode de planter & d'employer avec utilité, les Pommes de terre, avec un Avis sur la maniere de les conserver, je vais extraire de cet Ouvrage, les maximes qui concernent cet Article.

1°. Ayez soin que les Pommes de terre soient parfaitement ressuyées avant de les serrer pour la provision d'hiver, sans quoi elles deviendroient sujettes à se pourrir.

2°. Les Pommes de terre qu'on auroit entamées, même simplement écorchées en les arrachant, doivent être mises à part. On les mange les premieres, afin qu'elles ne fassent pas gâter les autres.

3°. Le lieu où on les conserve, doit être à l'abri de la gelée & de l'eau.

4°. Ce n'est pas une bonne méthode de les tenir sous terre; souvent l'eau s'y insinue pendant les hivers pluvieux, & quelquefois aussi la gelée les pénétre.

5°. Si cependant on étoit obligé de les conserver sous terre faute d'un autre lieu plus convenable, on commencera par creuser une fosse profonde, au fond de laquelle on étendra une bonne quantité de paille, puis un lit de sable bien sec; on placera les Pommes de terre sur ce lit, & on les couvrira de sable; après quoi, ayant ajusté des planches sur le tas, on couvrira le tout de deux pieds de terre, disposée en dos d'âne, de façon que la pluie & la neige, en fondant, puissent s'écouler aisément.

6°. Les tonneaux dans lefquels on nous apporte le Sel, font très-commodes pour refferrer les Pommes de terre; elles s'y confervent mieux que fous terre.

7°. Au défaut de bonnes caves, on pourroit fe contenter de renfermer les Pommes de terre dans un foffé placé fous un toit.

8°. Enfin, pour ne rien omettre d'effentiel fur un fujet auffi important, je terminerai ce Mémoire par confeiller de donner la préférence aux Pommes de terre longues & blanches, pour multiplier l'efpèce.

On plante ces racines dans les guérets; & comme elles fe trouvent mures en Septembre, il refte encore affez de temps pour tirer parti du champ qui a produit cette récolte : mais on doit s'être précautionné de maniere que la provifion des Pommes de terre féches, puiffe conduire jufqu'au mois de Septembre, afin de ne pas fe trouver obligé de recourir aux nouvelles, avant qu'elles aient atteint leur parfaite maturité.

Fasse le Ciel, que ces Avis dictés par un cœur patriotique, puiffent être goûtés & fuivis ! Autant qu'il étoit en mon pouvoir, j'ai tâché de les rendre clairs & à la portée de tout le monde : ma récompenfe fera complette, fi j'ai le bonheur de les voir adoptés.

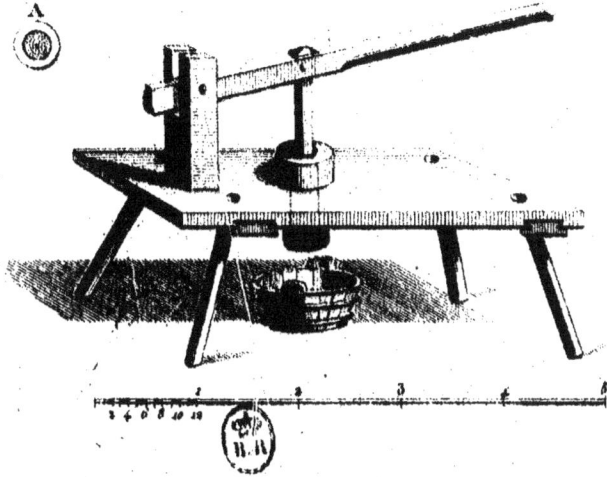

Premiere Machine

Pour réduire en Pâte des Pommes-
de-terre cuites, destinées à
faire du Pain.

A. Plaque de métal, percée de quantité de petits trous,
et qui se place au fond du cilindre.

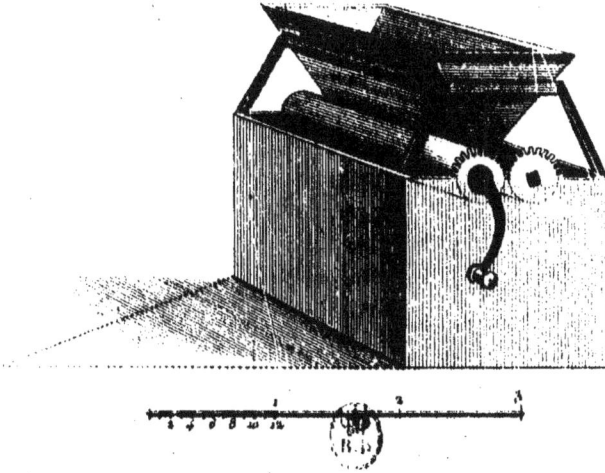

Seconde Machine

Propre à réduire en pâte
des Pommes-de-terre cuites,
pour en faire du Pain.

QUANTITÉ des Matieres qui entrent dans le RIZ Économique, & leur prix suivant le Marché de Paris.

	Quantité.		Prix.	
RIz, à 6 f. la livre	20 livres. . .		6 liv.	
Pommes de terre, à 9 d. la livre, foixante & douze livres	60 préparées	2		14 f.
Pain, à 3 f. 6 den. la livre	20	3		10
Carottes, à 6 den. la livre	14			7
Citrouille ou Potiron	10			6
Navets, à 1 fol 9 deniers les deux bottes, huit bottes	15			7
Beurre fondu, à 12 f. la livre . . .	4	2		8
Sel, à 12 f. la livre	4	2		8
Eau, neuf feaux, pefant trente-fept livres chaque	297			4
Bois, le dixiéme de la voie, à 18 livres	. . . .	1		16
	444 liv.		20 liv.	

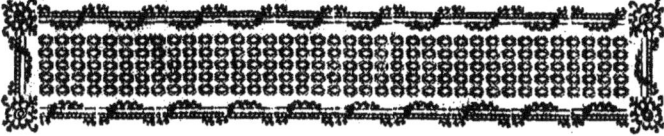

MANIERE
D'APRÊTER
LE RIZ ÉCONOMIQUE.

VERSEZ sept seaux d'eau dans la marmite, couvrez-la ; allumez le feu le soir ; faites bouillir à gros bouillons ; prenez à deux reprises différentes, un seau de cette eau bouillante, lavez-en le Riz, rincez-le à l'eau fraiche ; mettez-le dans la marmite ; modérez le feu en le couvrant ; laissez-le mitonner toute la nuit ; le lendemain, ajoutez les Matieres suivantes, préparées la veille, ainsi qu'il suit.

FAITES tremper pendant une demi-heure, les Pommes de terre dans de l'eau chaude ; agitez-les ensuite avec un balai ras ou usé, afin d'en ôter exactement toute la terre ; rincez-les à l'eau fraiche ; faites les cuire, & les couvrez, afin que l'eau les surnageant, elles cuisent également. Lorsqu'elles seront cuites, ôtez la chaudiere de dessus le feu ; inclinez-la, en contenant les Pommes de terre avec le couvercle, pour verser ainsi toute l'eau ; jettez-les ensuite toutes chaudes dans un mortier, auge, ou autre ustensile suffisant pour contenir la quantité de ces Pommes de terre ; pilez-les sur le champ, autrement il y auroit de la perte ; réduisez-les en bouillie, le plus exactement qu'il sera possible ; versez-y un seau & demi d'eau ; délayez, broyez & passez-les ensuite à la passoire, ainsi que pour faire de la purée de Pois , en ajoutant à fur & mesure , un demi feau d'eau tiéde.

FAITES cuire les Navets ratissés & coupés à l'ordinaire , pendant une heure & demie au plus , parce qu'ils rougiroient ; retirez-les avec une écumoire ; pilez & les réduisez en bouillie , sans passer.

FAITES cuire dans un feau d'eau , les Carottes ratissées & coupées par rouelles , & le Potiron mondé & coupé par tranches ; pilez-les ensuite ; délayez & passez avec leur eau , qui est fort douce & agréable : celle des Navets n'est pas bonne , ainsi qu'on l'a éprouvé.

LES Carottes suppléent , livre pour livre , au défaut de Potiron , même de Navets.

RALLUMEZ le feu à six heures du matin ; mettez dans le Riz , toutes les matieres préparées , quatre livres de bon Beurre fondu , & quatre livres de Sel dissous dans de l'eau chaude ; remuez avec une spatule de bois , afin de bien mêler le tout ensemble ; faites mitonner. A huit heures & demie , mettez dans la marmite vingt livres de Pain de froment , rassis , & coupé tel que pour la soupe ; remuez , & à neuf heures servez.

REMARQUES.
RIZ.

A QUATRE heures après midi , on allume le feu ; à six heures on met le Riz dans la marmite ; on le fait cuire à petits bouillons , parce qu'autrement il brûleroit. Entre huit & neuf , avant que de s'aller coucher , on a soin d'examiner si le feu est suffisant pour faire mitonner le Riz toute la nuit.

CETTE longue & légere ébullition rend d'autant plus fain cet aliment, que la partie glutineufe en eft totalement détruite, tel que dans les Crêmes de Riz, d'Orge, &c. nourriture préparée pour les Malades. Cette maniere eft moins gênante que celle où l'on fait crever le Riz en remuant continuellement, & en ajoutant peu à peu, l'eau fuffifante pour cet effet.

POMMES DE TERRE.

LA méthode de piler les Pommes de terre, eft infiniment plus prompte & moins embarraffante que celle de les peler ; mais il faut avoir l'attention de les piler fortant du feu, autrement il faudroit les peler, parce que la peau s'amalgamant alors avec la pulpe, empêcheroit qu'elles ne paffent à la paffoire, & il y auroit beaucoup de perte, comme on l'a éprouvé. On fe fert depuis peu, à St. Roch, d'une maniere de les cuire, fort commode, plus prompte & plus économique.

ON a fait conftruire au commencement de l'Hiver, un Fourneau qui économife beaucoup de bois. Il eft compofé de trois foyers qui correfpondent par des ouvertures latérales, lefquelles fe ferment & s'ouvrent à volonté, par le moyen de deux plaques de fonte montées dans des couliffes. Aux deux foyers des extrêmités, font fcellées deux grandes marmites ; l'une, deftinée au Riz ; & l'autre, au bouillon des Pauvres : dans le milieu, eft la petite marmite de dix-neuf pouces de diamétre, fur vingt pouces de profondeur.

C'EST dans cette petite marmite que l'on fait cuire, depuis quelques jours, les Pommes de terre. Pour cet effet, on les met dans un panier d'ozier, fait exprès, & qui entre aifément dans cette marmite : (il y a un demi pouce de diftance entre la circonférence du panier & les parois de la marmite.) Lorfqu'elles font cuites, on les retire facilement, par le moyen de deux anfes, auffi d'ozier, attachées au rebord du panier, & l'eau s'en égoutte en même temps. Ces deux anfes font mobiles, fe plient

E

fur les Pommes de terre , & n'empêchent point de couvrir la marmite.

Les Pommes de terre cuites & préparées immédiatement avant que de s'en fervir , font meilleures que préparées la veille.

Les avantages qu'on retire de la culture des Pommes de terre , font connus dans tous les Pays où on les cultive. Elles fervent de nourriture aux hommes , & offrent une reffource affurée dans des temps de difette.

Leur falubrité eft prouvée par le grand ufage qu'on en fait dans beaucoup de Provinces du Royaume : auffi des Citoyens zélés pour le bien de l'humanité , s'occupent à encourager cette culture fi utile au pauvre Peuple.

Cette culture eft des plus économiques , puifqu'elle peut être faite dans les terres en jachéres ou en repos , & que loin de dégraiffer la terre , elle paroît la rendre plus propre à l'enfemencer de Bled.

On peut confulter un excellent Mémoire fur cet objet , fait par M. Muftel, à Rouen , chez la veuve Befogne , 1767.

Ce Riz bien préparé , produit quatre cent dix-huit à quatre cent vingt-cinq livres pefant : au deffus ou au deffous de ces deux termes , il eft ou trop clair ou trop épais. La fpatule qui fert à mêlanger les matieres , fert auffi de régle , par le moyen d'une échelle qu'on y a pratiquée , & qui indique la quantité de Riz qu'on a à diftribuer.

La marmite de trente pouces de diamétre , fur vingt de profondeur , eft de cuivre bien étamé , munie d'un couvercle de ferblanc qui s'y emboëte. Quoique le Riz y foit près de quinze heures , il n'y a rien à craindre de la part de ce métal , parce que la matiere eft dans une légére , mais continuelle ébullition. D'ailleurs , le Riz donne un enduit qui recouvre les parois de la marmite , & en conferve l'étamage , & c'eft pour ce même effet ,

qu'on se sert d'une cuillier de bois pour le Riz , qu'on ne lave
la marmite , & qu'on n'en étanche l'eau qu'avec une éponge , ce
qui accélére encore cette manipulation.

RÉFLEXION

Sur l'économie de ce Riz.

ON distribue ce Riz avec une cuillier qui contient une chopine , mesure de Paris , pesant une livre trois à quatre gros. Ce
Riz économique évalué , en achetant tout suivant le Marché de
Paris , à la somme de 20 livres préparé , donne quatre cent huit
à quatre cent rations ou portions : ainsi chaque portion ne revient pas à un sol.

L'EXPÉRIENCE de trois mois , a constaté que chaque portion
suffit , à peu de chose près , à la nourriture d'un adulte ; ainsi
ces quatre cent huit à quatre cent douze portions équivalent au
moins , à quatre cent livres de Pain , lesquelles à 3 sols 6 den.
la livre , font la somme de . . . . 70 livres.

De laquelle somme déduisant le prix du Riz éco-
nomique , ci . . . . 20 livres.

Il en résulte une économie journaliere , de . . . . . 50 livres.

PERSONNE n'ignore que la soupe est la nourriture la plus salutaire & la plus convenable pour le pauvre Peuple. Par ce Riz
économique , on a le double avantage de ne débourser que 20
livres , & de donner une nourriture plus saine & plus convenable , à une quantité pour laquelle il faudroit débourser 70 livres
pour l'alimenter seulement de Pain & d'Eau.

CES motifs de santé & d'économie , déterminerent feu M.

Boyer, Médecin de la Généralité de Paris, &c. à donner une maniere pour préparer une foupe au Riz, pour cette Généralité. Sa recette eft pour vingt-cinq perfonnes, ou de vingt-cinq pòrtions, d'une chopine chaque, mefure de Paris, pefant, ainfi que celle de Saint Roch, une livre & quelques gros, de même confiftence & également nourriffante, comme on l'a éprouvé ; mais le Riz de St. Roch eft plus agréable. Chaque portion, à la maniere de M. Boyer, coûte 2 fols, ou 10 livres le cent, fans y comprendre le bois. La portion du Riz économique de Saint Roch, ne revient pas tout-à-fait à 1 fol ou 5 livres le cent, en y comprenant le bois.

Chaque portion, jufqu'à préfent, n'a pas coûté 8 deniers, parce que le Riz qu'on a employé, a été donné par le Roi.

On peut aprêter une moindre quantité de cet aliment, en obfervant les proportions & le même foin. Cette nourriture fe conferve, & on en a mangé du quatrieme & cinquieme jour, fans qu'elle eût la moindre altération ; mais en voulant la conferver, on aura l'attention de la mettre dans des vaiffeaux de terre, & de la faire réchauffer à petit feu, en y mêlant un peu d'eau avant que d'en faire ufage.

CERTIFICAT.

Nous fouffignés, Médecins & Chirurgiens des Pauvres de la Paroiffe de Saint Roch, quoique nous ayons attefté qu'il ne pouvoit réfulter de ce qui devoit entrer dans le Riz économique, qu'un aliment très-bon, & particuliérement pour les Enfants ; nous avons cru encore devoir nous affurer par l'expérience, des fuites de cette nourriture. Nous voyons avec une vraie fatisfaction, plus de huit cents perfonnes de tout âge, qui en font ufage depuis trois mois, de deux jours l'un, (parce qu'on n'en peut pas faire deux cuiffons par jour,) confirmer que cet aliment eft non-feulement plus propre à la fanté, que tous ceux que peuvent

Maniere d'aprêter le Riz économique.

se procurer les Pauvres, mais encore qu'il prévient beaucoup d'infirmités auxquelles sont sujets les Enfants, & qui en font périr un grand nombre, telles que le carreau ou gros ventre, les ulceres, maux d'yeux, l'atrophie & autres maladies qui ne proviennent que de mauvaises nourritures. Nous ne pouvons donc trop recommander l'usage d'un aliment si avantageux, qui est agréable, & sur lequel l'expérience a prononcé par le succès le plus constant. En foi de ce. A Paris ce 2 Février 1769.

DE GEVICLAND.

SALLIN.

} Docteurs - Régens de la Faculté de Médecine en l'Université de Paris.

DE LAFAYE, Professeur & Démonstrateur Royal.

SARRAU, Chirurgien ordinaire des Bâtimens du Roi.

Permis d'imprimer. A Paris ce 4 Février 1769.

DE SARTINE.

SUPPLÉMENT

A la maniere d'apréter le Riz économique de la Paroisse de Saint Roch.

ON a essayé depuis peu, & avec succès, de tirer de ce Riz une nourriture convenable pour les petits Enfants : cette nourriture ne différe du Riz économique, qu'en ce qu'il n'y entre ni Beurre ni Pain. Après avoir mis dans le Riz, qui est en crème, la Purée de Pommes de terre, les Légumes en pulpe & le Sel, on fait mitonner & on mêlange ces matieres pendant un quart d'heure. On retire alors la quantité nécessaire pour la distribution des petits Enfants. On fait mitonner pendant une heure, en y ajoutant de l'eau : on y verse ensuite du Lait à la quantité d'un demi-septier sur trois portions. On fait encore bouillir légérement, une heure, & on distribue. On aura l'attention de rendre cette nourriture plus ou moins legere, relativement à l'âge, en ajoutant plus ou moins d'eau. Les Enfants à qui on en a donné, âgés de six à dix-huit mois, paroissent préférer cet aliment aux Bouillies, Panades, &c. nourritures bien moins agréables & très-mal saines pour l'ordinaire, attendu que trop souvent la Bouillie n'est que de la Farine délayée dans du Lait, & que la Panade est faite avec toute sorte de graisses, &c.

On met le Beurre fondu dans la marmite, dès que le Riz des Enfants en a été retiré, & on continue de préparer le Riz économique comme ci-dessus.

CERTIFICAT.

JE soussigné, Docteur-Régent de la Faculté de Médecine en l'Université de Paris, certifie que le Riz économique qu'on prépare pour les Pauvres de la Paroisse de Saint Roch, est un aliment fort nourrissant & très-sain, & sur-tout pour les Enfants.

VERNAGE.

Ce 20 Février 1769.

RÉPONSE

A une Lettre adressée à Mr. le Marquis DE MIRABEAU.

IL est très-vrai, MONSIEUR, que quinze convives chez moi, ont goûté du Riz économique de la Paroisse Saint Roch, dont nous eumes trois essais; à sçavoir, deux de Riz pour les adultes; l'un, du jour même; l'autre, cuit depuis quatre jours, & de celui qui est pour les Enfants; que tous les trois furent trouvés très-bons, & celui pour les Enfants, sur-tout, comparable aux meilleurs potages.

Le Marquis DE MIRABEAU.

A Paris ce 16 Février 1769.

AVERTISSEMENT.

MÉMOIRE

SUR LES

POMMES DE TERRE

ET SUR LE

PAIN ÉCONOMIQUE,

Lu à la Société Royale d'Agriculture de Rouen , par M. Mustel, Chevalier de l'Ordre Royal & Militaire de Saint Louis , Associé.

Parcimonia , lucrum.

AVERTISSEMENT.

*L*A Société Royale d'Agriculture de Rouen
s'étoit interdit l'usage de publier séparément
aucune de ses productions , avant qu'elles
eussent paru dans ses volumes ; mais le Mémoire suivant ayant été annoncé dans les Papiers publics , sans l'aveu de l'Auteur & de
la Société , elle a cru devoir s'écarter des
regles qu'elle s'étoit prescrites en faveur d'un
objet qui intéresse la subsistance des Hommes,
& qui a excité l'empressement des vrais Citoyens. Cependant on ne doit considérer cet
Ouvrage que comme un premier essai. La
Société se propose de présenter ce même objet
avec plus d'étendue dans les observations &
les recherches dont il est susceptible. On y

F

joindra des planches gravées qui faciliteront l'intelligence des instruments indiqués pour la culture des Pommes de terre & la manipulation du Pain économique.

MÉMOIRE
SUR LES
POMMES DE TERRE
ET SUR LE
PAIN ÉCONOMIQUE.

PREMIÈRE PARTIE.

Différentes espèces de Pommes de terre, leur culture, leur usage.

LES Naturalistes distinguent en plusieurs espèces, la Plante connue sous le nom générique de *Pomme de terre*. Les Agronomes trompés par ses différentes dénominations dans les Pays où elle est cultivée, ont cru que ses variétés étoient plus nombreuses qu'elles ne sont en effet. Le *Grundbir* d'Allemagne, le *Potâtoe* d'Angleterre, la *Pomme de terre* de France, sont la même chose. Ces méprises ont répandu de la confusion dans les idées, & ont dégoûté de la culture de cette Plante. Pour les prévenir, nous devons distinguer & définir les trois espèces

F ij

vraiment différentes ; la *Patate*, la *Pomme de terre* & le *Topi-nambour*.

LA *Patate* eft un *Convolvulus* que nous ne connoiffons que par les Naturaliftes & les Voyageurs. Elle ne croît que fous la Zone torride, & ne peut réuffir dans nos Climats tempérés.

LA Pomme de terre, *Solanum tuberofum efculentum* G. B. P. eft une Plante originaire du Chilly. Les Amériquains naturels l'appellent *Papas*. Il eft étonnant que les Européens n'en aient fait ufage qu'au commencement du dix-feptieme fiecle. Les Ir-landois furent les premiers qui la cultiverent. De l'Irlande elle paffa en Angleterre, en Flandre, en Hollande, en Allemagne, en Suiffe, où elle s'eft tellement multipliée, qu'elle eft devenue la nourriture des deux tiers du Peuple. On la cultive auffi en Alface, en Lorraine, dans le Lyonnois & quelques autres Provinces de la France.

CETTE Plante, felon M. Duhamel, pouffe des tiges de deux ou trois pieds de hauteur, groffes comme le doigt, anguleufes, un peu velues ; elles penchent de côté & d'autre, & fe divifent en plufieurs rameaux qui partent des aiffelles des feuilles qui font conjuguées & compofées de plufieurs folioles d'inégale grandeur. A l'extrêmité de ces rameaux, qui eft d'un verd terne, il fort, des aiffelles des feuilles qui y font placées, des bouquets de fleurs formées d'un calice divifé en cinq parties, d'un pétale qui répré-fente une étoile de couleur gris de lin. Les étamines jaunes & raf-femblées au centre, forment par leur réunion une efpèce de clou. Le piftil fe change en une groffe baie charnue qui devient jaune en mûriffant, & dans laquelle fe trouve quantité de femences. Cette Plante pouffe en terre, vers fon pied, un grand nombre de groffes racines tubéreufes qui reffemblent en quelque façon à un rognon de veau. Sur la fuperficie de ces racines, on apperçoit des trous d'où fortent les tiges & les racines chevelues qui nourrif-fent la Plante, & qui donnent naiffance à de nouvelles Pommes. Il y a de ces Pommes dont la peau eft d'un rouge de pelure d'oignon, d'autres font d'un jaune pâle ; d'autres font prefque blanches.

Mais la pulpe étant la même, le goût & les propriétés étant à peu près femblables, on ne peut pas en faire des efpèces différentes ; quoique la couleur de la peau & la forme du fruit varient, il n'y a point de différence caracthériftique dans les feuilles ni dans les parties de la fruëtification.

La Pomme de terre eft nourriffante, légere & facilite le fommeil ; c'eft un excellent antifcorbutique.

Le Topinambour *Heliantemum tuberofum indicum , five Corona folis tuberofâ radice INST.*

Cette Plante forme une tige plus ou moins groffe, felon le terrein où elle croît. J'en ai vu de deux à trois pouces de diametre & de plus de douze pieds de hauteur. L'écorce en eft verte, rude au toucher. Des différents points de cette tige, fortent des feuilles larges vers la queue, & qui fe terminent en pointe ; elles font d'un verd foncé, rude au toucher : du haut de la tige il croît des boutons qui, en s'épanouiffant, produifent des fleurs radiées comme le tournefol ou foleil des jardins, mais plus petites, & rarement elles portent graine en France. Au pied de cette Plante, on trouve en terre de gros tubercules d'un rouge verdâtre & de figure irréguliere, dont cependant la plupart reffemble affez à nos Poires, ce qui les fait nommer *Poires de terre.*

Cette Plante eft originaire de l'Amérique Septentriorale. Elle n'a pas les mêmes propriétés que celle de la Pomme de terre ; elle a beaucoup plus de crudité & un goût d'artichaux qui ne plait pas également à tout le monde..

La Poire de terre produit plus abondamment que la Pomme, s'accommode mieux de toute forte de terrein, n'exige prefque point d'engrais ni de préparation. J'en ai vu réuffir dans un fol fabloneux & aride, où des Pommes de terre que j'avois planté à côté, périrent toutes..

Le *Topinambour* a encore d'autres avantages ; les beftiaux en mangent les feuilles ; on prétend même que les vers à foie pourroient s'en nourrir. Son écorce préparée comme celle du chanvre, peut fervir aux mêmes ufages. J'en ai fait des cordes très-fortes ; fes tiges groffes & ligneufes, brûlent très-bien, & feroient une reffource dans les Pays où le bois eft rare. Sa moëlle peut fervir à faire des mèches, comme celle du fureau.

LA Pomme de terre beaucoup plus délicate que le *Topinambour*, ne réuffit pas également par-tout, & fes productions font toujours proportionnées à la bonne ou mauvaife qualité du fol, au plus ou moins d'engrais qu'on lui donne, & dont elle ne peut fe paffer. Il eft vrai qu'elle enrichit le Cultivateur ; car non-feulement ce légume eft celui de tous qui rend le plus à l'induftrie humaine, en proportion de ce qu'il en reçoit, mais encore les foins que l'on fe donne pour fa culture, & les frais qu'elle exige, font amplement récompenfés par la récolte du Froment que l'on féme enfuite. Cette Plante n'épuife point le fol. Les Anglois & les Allemands recueillent de très-baux Bleds fur les terres où ils l'ont cultivée. Leurs méthodes font différentes, mais les réfultats font également heureux.

LES Allemands donnent d'abord un ou deux labours à la terre ; & vers la fin d'Avril, ils y répandent du fumier qu'ils en enfouiffent par un labour plus profond : en quelques cantons, on traverfe à plat, & on herfe ; enfuite, foit avec la charrue, foit avec des houes, on ouvre des fillons de cinq à fix pouces de profondeur, diftants l'un de l'autre d'environ deux pieds : c'eft dans ces fillons que l'on dépofe les Pommes de terre, entieres fi elles font très-petites, ou coupées par tronçon ; de façon cependant qu'il y ait un ou deux yeux à chaque morceau, enfuite on les recouvre : c'eft ordinairement l'ouvrage des femmes & des enfants, qui jettent ces morceaux de Pomme de terre dans le fillon, à environ fix pouces de diftance.

LORSQUE les tiges fe font élevées d'un demi-pied, on fouille la terre entre les rangées, pour les rechauffer, & l'on répéte encore la même opération quand elles ont atteint douze ou quinze pouces, ayant foin de ne pas couvrir celles qui fe couchent.

Plus le champ a de profondeur , plus l'on trouve de terre pour ce rechauffement , & la récolte eſt meilleure.

Vers la fin de Septembre , on fauche les feuillages , que l'on donne aux beſtiaux. Cette opération ſert auſſi à faire groſſir les racines.

En Octobre & Novembre , on fait la récolte. Les Pommes de terre ſe gardent pendant l'hiver , dans des ſous-terreins où elles puiſſent être à couvert & préſervées des fortes gelées. Il eſt mieux de ne les pas mettre en tas les unes ſur les autres. Vers la fin d'Avril , les yeux s'enflent & pouſſent peu après.

Si l'on veut conſerver les Pommes de terre pendant tout l'été, il faut les expoſer au ſoleil , qui les flétrit & en détruit le germe ; on les met enſuite dans des greniers aërés. Elles reviennent en peu de temps dans leur état naturel, en les mettant tremper dans de l'eau chaude.

La méthode Angloiſe eſt plus pénible & plus diſpendieuſe au temps de la plantation ; mais elle n'eſt précédée ni ſuivie d'aucun autre travail. On fait dépoſer en tas, le long du champ, la quantité de fumier peu conſommé que l'on y deſtine ; on ouvre à l'une de ſes extrêmités, une tranchée d'environ trois pieds de largeur , & d'un pied de profondeur. La terre qui ſort de cette excavation, eſt tranſportée à l'autre extrêmité du champ ; on remplit le fonds de cette tranchée , de fumier, que l'on diſtribue également de l'épaiſ-ſeur d'environ trois pouces ; enſuite on fait à côté , & du même ſens , c'eſt-à-dire, dans toute l'étendue de la largeur du champ, une autre tranchée de la même profondeur ; & la terre qui ſort de celle-ci , eſt rejettée ſur le fumier que l'on a mis dans la première , & ſert à la combler. On garnit pareillement de fumier le fonds de cette tranchée , & on la remplit des terres qui ſortent de celle que l'on fait à côté, & ainſi ſucceſſivement juſqu'à l'extrêmité du champ, où la dernière tranchée eſt comblée par les terres de la première , qui ont été tranſportées pour cet effet. Au moyen de cette opération , toute l'étendue du champ ſe trouve garnie à un pied de profondeur, d'un lit de fumier de trois pouces d'épaiffeur; c'eft fur ce lit que l'on plante les Pommes de terre , avec un piquet qui facilite & accélere finguliérement l'opération.

Ce piquet ou plantoir, eft un morceau de bois rond , de trois pieds & demi de longueur, droit comme le manche d'une bêche, mais inégal dans fon étendue. La partie d'en-bas , renforcée & taillée en pointe , eft armée & couverte d'un fer de la forme d'un cône tronqué & renverfé , dont la bafe a trois pouces de diametre ; celui de la partie tronquée n'a que quinze à feize lignes feulement. Ce fer doit avoir dans toute fa longueur, neuf pouces; immédiatement au-deffus , eft une forte cheville quarrée , fermement attachée, à angle droit, au manche, au moyen d'une mortaife, & dans la même direction que la piece qui eft en croix ou double poignée à l'extrêmité de ce manche.

Un homme tenant de chaque main chaque partie de la poignée de ce plantoir, & appuyant du pied droit fur la cheville , fait des trous fans être obligé de fe courber , & avec la plus grande célérité.

Cet homme eft fuivi d'un autre qui jette les Pommes de terre dans les trous qu'on remplit avec le rateau ou tout autre inftrument.

Non-seulement cette cheville fert à enfoncer le piquet avec le pied , mais encore à régler à neuf pouces la profondeur des trous , ce qui met la Pomme de terre fur la fuperficie du fumier. Ces trous fe font fur la même ligne , de neuf pouces en neuf pouces , & on laiffe dix-huit pouces de diftance entre chaque ligne ou rangée.

Cette méthode n'exige aucuns labours ni avant ni après : on ne rechauffe point, & il n'eft befoin que de purger le champ des mauvaifes herbes, foit en farclant, foit en ferfouiffant ; mais l'opération qui précéde la plantation telle que je viens de la détailler, eft longue , & celle de la récolte eft auffi plus difficile , attendu

qu'il

qu'il faut fouiller tout le terrein à un pied de profondeur , pour en tirer les Pommes , au lieu que selon la méthode Allemande il n'est question que de gratter avec un crochet ou avec une fourche , de droite & de gauche , le sillon qui a été élevé par le rechauffement. La récolte s'en fait plus facilement , & il en reste beaucoup moins en terre ; ce qui est de grande considération , car elles nuiroient autant que des mauvaises herbes , aux productions de l'année suivante.

L'UTILITÉ des Pommes de terre est généralement reconnue dans tous les Pays que j'ai cités ; elles servent également à la nourriture des hommes & des bestiaux , & un Cultivateur aimeroit mieux voir manquer toute autre récolte. Les pauvres en mangent par nécessité, & les riches par goût. J'en ai vu servir en Allemagne, assaisonnées de différentes façons, sur la table des Princes, où l'on auroit dédaigné de servir des Feves ou d'autres légumes semblables , tant les usages , les opinions & les goûts sont différents parmi les hommes.

IL n'y a point de Militaire qui ne sache combien ce légume a puissamment contribué à la subsistance de nos Armées en Allemagne. Les Soldats & même les Officiers en mangeoient dans leurs soupes , & apprêtées de différentes façons. Il n'y avoit guere de feux aux Gardes de nos Armées , où les Soldats n'en fissent cuire pour les manger toute la nuit. La preuve la plus certaine que ce légume est sain & de facile digestion , c'est que , malgré les excès qu'ils en faisoient , ils n'en étoient point incommodés.

DANS les Pays où l'on cultive les Pommes de terre , ceux des Habitants qui ne sont point en état de se procurer d'autres nourritures, les mangent cuites dans l'eau ou dans les cendres chaudes ; d'autres les assaisonnent avec du beurre ou du laitage ; ceux qui peuvent avoir de la viande , sur-tout du lard , les font cuire ensemble après les avoir pelées , & pour lors on en fait d'assez bons potages , & elles en ont plus de saveur.

CE légume aprêté en différens ragoûts avec les viandes , & mê-

G

me plufieurs efpeces de Poiffons, tel que le Cabéliau & la Morue, eft plus délicat & plus fain que nos Navets, qu'on eftime peu dans les Pays où l'on fait ufage des Pommes de terre.

On en nourrit avec fuccès, les Chevaux, les Vaches, les Moutons, les Cochons : on les fait cuire les premieres fois qu'on leur en donne ; mais lorfqu'ils y font accoutumés, ils les mangent très-bien toutes crues.

Il en eft de même de la Volaille en général. Les Poules, Pigeons, Dindons, Canards, &c. les mangent avec avidité, & s'engraiffent avec cette feule nourriture.

De tous les ufages auxquels on peut employer les Pommes de terre, le plus véritablement utile, eft celui d'en faire du Pain, felon la méthode que j'ai imaginée ; j'en vais détailler les procédés : heureux fi leurs effets peuvent contribuer à l'utilité publique !

PAIN ÉCONOMIQUE.

DEUXIEME PARTIE.

Calcul des profits.

DEPUIS que j'ai imaginé de faire du Pain avec des Pommes de terre & de la Farine de Froment, les Ouvrages de M. Duhamel m'ont appris qu'on peut tirer de ce légume, une Farine très-blanche, & propre au même usage. (*) Il seroit à desirer que ce savant Observateur, qui mérite notre confiance, à tant de titres, se fût plus étendu sur ce sujet, & en eût indiqué la méthode : ses lumieres m'auroient guidé ; je ne serois pas arrêté par une difficulté que j'y trouve. Il n'est pas aisé de concevoir comment on parvient à réduire en Farine ce légume naturellement aqueux & sans consistence ; ce n'est vraisemblablement qu'en le desséchant au point de lui faire perdre beaucoup de sa substance & de sa qualité. Ma méthode, en épargnant les inconvéniens de la dessication, les frais & les embarras du Moulin, me donne le produit des Pommes de terre, sans rien perdre de leur fraicheur

---

(*) Lorsque j'ai lu ce Mémoire à la Société, elle m'a averti que M. Dumesnil-Côté & M. Richard, Recteur d'Arton en Bretagne, lui avoient communiqué leur expérience sur le même objet. Celui-ci a fait du Pain avec la pulpe de la Pomme de terre cuite dans de l'eau, & un tiers de Farine de Seigle.

& de leur fuc ; elle confifte à réduire ces Pommes en bouillie. Je m'étois fervi d'abord d'une rape à fucre ; mais confidérant que ce moyen occafionnoit une grande perte de temps & de matiere, voici la Machine que j'ai inventée.

C'est une efpece de varlope renverfée, portée fur quatre pieds, telle que celle des Tonneliers, qu'ils appellent *Colombe* : le fût a fix pouces de largeur, fur trois à quatre pieds de longueur, & trois à quatre pouces d'épaiffeur : le fer doit avoir quatre pouces fix lignes de largeur, placé comme tous les fers de varlope ordinaire, mais un peu moins incliné ; il laiffe neuf lignes de bois de chaque côté ; la lumiere, c'eft-à-dire, l'efpace vuide entre le fer & le bois, ne doit avoir que deux à trois lignes.

Sur cette varlope, on met une efpece de petit coffre fans fonds, de la même largeur que le fût, de quinze à feize pouces de longueur, & de huit à neuf pouces de hauteur. Les planches d'affemblage de ce petit coffre, ne doivent avoir que huit lignes d'épaiffeur, c'eft-à-dire, un peu moins que le plein du fût de chaque côté du fer ; fur chaque côté long de ce coffre, eft clouée extérieurement une planche qui déborde en deffous de douze à quinze lignes. Ces planches fervent à embraffer la Colombe, & à affurer ainfi la direction du coffre, lorfqu'on le met en mouvement ; & pour la mieux affurer encore, il eft bon d'attacher vers le milieu de ces planches, dans toute leur longueur, une petite tringle de quatre à cinq lignes de largeur & de même épaiffeur. Cette tringle engagée, mais librement, dans une rainure de pareille largeur & profondeur, pratiquée dans le fût de chaque côté, tient toujours le coffre fixé fur la Colombe, & l'empêche de fe déranger en travaillant. Un bout de cette Colombe, forme une fellette fur laquelle le travailleur s'affeoit comme à Cheval, ce qui rend l'opération plus commode, & fert encore à mieux affurer la pofition de cette fellette. On remplit à peu près aux trois quarts ce coffre, de Pommes de terre que l'on a pelées auparavant, & on les couvre d'une planche un peu pefante & moins grande en tous fens, que l'intérieur du coffre. Pour donner le poids néceſſaire à cette planche, on la ſurcharge de plomb ; elle doit être percée de pluſieurs trous, pour laiſſer paſſage à l'eau que l'on verſe de temps en temps ſur les Pommes , pendant l'opération , pour la faciliter.

Au moyen de deux chevilles , ou mains placées de chaque côté du coffre , on l'agite , en pouſſant en avant & retirant à ſoi. La planche qui peſe ſur les Pommes contenues dans ce coffre , les aſſujettit au fer, & ce qui s'en trouve grugé à chaque coup de main , tombe par la lumiere en bouillie fine que reçoit un vaſe placé deſſous.

La planche baiſſe à meſure que le volume des Pommes diminue , & l'on n'attend pas qu'il n'en reſte plus dans le coffre pour le remplir , ce que l'on fait ſucceſſivement , juſqu'à ce que l'on ait préparé la quantité dont on a beſoin. Ce travail n'eſt ni long , ni pénible.

J'ai dit que l'on pele les Pommes de terre avant de les raper , c'eſt afin que le Pain ſoit plus blanc & plus délicat ; mais cette attention n'eſt pas abſolument néceſſaire. Il n'en réſulteroit jamais la même différence qu'il y a du Pain blanc au Pain bis de Froment, car la proportion de l'épiderme à la pulpe de cette groſſe racine , n'eſt pas à beaucoup près , la même que celle de l'écorce d'un grain de Bled, au peu de Farine qui y eſt contenue. Si l'on vouloit faire une grande quantité de ce Pain , & qu'on n'y recherchât pas une blancheur ni une délicateſſe extrême , on épargneroit le temps & la peine de cette opération , qui d'ailleurs ne peut ſe faire ſans perte. Il n'eſt pas plus néceſſaire de faire cuire les Pommes. Étant rapées toutes crues , le Pain n'en eſt pas moins bon. J'ai même remarqué que la bouillie faite de ces Pommes fraîches, ne s'incorpore que mieux avec la Farine de Froment. On y joint telle quantité que l'on veut de cette Farine , ſelon l'abondance ou la rareté du Bled , & le plus ou moins de qualité que l'on veut donner à ce Pain. Avec un tiers de Farine & deux tiers de Pommes de terre, on fait du Pain très-mangeable, à parties égales ; le Pain eſt bon ; & ſi l'on met deux tiers de Farine ſur

un tiers de Pommes, le Pain eſt tel qu'il eſt difficile de s'appercevoir qu'il n'eſt pas de pur Froment.

CE mélange étant fait, on pétrit avec du levain ordinaire, &
en même quantité que l'on a coutume d'en mettre. Il faut peu
d'eau, puiſque cette bouillie en contient preſqu'autant qu'il eſt
néceſſaire. Cette pâte leve très-bien ; on en fait des Pains plus
ou moins grands, que l'on met cuire au Four à l'ordinaire, ob-
ſervant de ne le pas tant chauffer. Un trop grand degré de chaleur brûleroit ce Pain, ou tout au moins, le rendroit noir à l'ex-
térieur, quoique l'intérieur n'en fût pas moins blanc. Il ſe fait
une tranſſudation conſidérable ſur la ſurface, qui étant frappée
d'une grande chaleur, la noirciroit ; & comme d'ailleurs ce Pain
n'exige pas une ſi forte cuiſſon, il faut moins chauffer le Four,
& c'eſt encore une économie.

AVEC cette attention, on aura de fort beau Pain, qui ne dif-
férera point en apparence du Pain de Froment. Il eſt léger, très-
blanc & de bon goût. La groſſe Farine qui ne donneroit que du
Pain bis, étant mêlée avec les Pommes de terre, donne du Pain
plus blanc, qui a l'avantage de ſe conſerver frais bien plus long-
temps que le Pain de Froment. J'en ai gardé pendant quinze
jours : il étoit encore bien mangeable, & tel que ſeroit le Pain
ordinaire, après cinq ou ſix jours de cuiſſon. On peut s'en ſervir
de même dans le potage.

CEUX qui connoiſſent les bonnes qualités de la Pomme de
terre, ne peuvent douter que ce Pain ne ſoit très-ſain. De
quelle reſſource ne ſeroit-il pas dans les temps de diſette ? Et
pourquoi n'en feroit-on pas toujours uſage dans les Campagnes,
les Communautés peu riches, les Hôpitaux, &c. où l'on ne
mange ſouvent que du Pain de mauvais grains ?

DES Curés, des Seigneurs de Paroiſſes qui font des diſtribu-
tions de Pain aux Pauvres, trouveroient de l'avantage à donner
de celui-ci. Ils doubleroient leur aumône, ſans augmenter la ſom-
me qu'ils y deſtinent, où ils en réſerveroient la moitié pour d'au-

tres befoins. Ces Pauvres n'en feroient ni moins bien nourris , ni moins fains. Il refte à confidérer & à calculer les profits qui en réfultent.

Il eft reconnu qu'un arpent de terre qui produiroit douze cens livres pefant de Froment , en peut produire vingt mille pefant de Pommes de terre. Il s'enfuit que fi une livre de Farine valoit trois fols , une livre de Pommes de terre ne devroit valoir que deux deniers. Suppofons que la livre de Pain ordinaire coûte deux fols, une livre de Pain fait avec moitié Pommes de terre & moitié Farine de Froment , ne coûteroit qu'un fol & deux deniers : mais comme il faut obferver qu'une livre de Pommes crues a perdu au moins un quart de fon poids , après la cuiffon du Pain, la livre de ce Pain pourroit être évaluée à un fol & trois deniers.

Ainsi ce feroit d'abord neuf deniers de gagnés par livre ; ce qui peut faire un objet d'économie confidérable fur une grande quantité, encore eft-ce un calcul au plus haut. Premierement , on peut faire du Pain très-mangeable , à moins de partie égale de Farine. La quantité de Pommes de terre que j'évalue à trois deniers , peut dans le vrai , être comptée pour rien , par celui qui cultive cette plante dans une portion de terre fouvent inutile. On eft dédommagé des frais de la culture , par le vert que l'on fauche , que les Chevaux , & fur-tout les Vaches mangent très-bien. Les engrais qu'on y met , vont au profit de toute autre efpece de production qu'on y veut cultiver enfuite.

On doit de plus confidérer que la Pomme de terre met le Cultivateur en état d'avoir un plus grand nombre de Beftiaux qu'elle nourrit de fes tiges & de fes racines ; par ce moyen , elle lui procure plus d'engrais ; ainfi ceux qu'elle confomme , n'en font qu'une efpece de reftitution, qui , comme je l'ai dit , tourne encore au profit de la production qui lui fuccéde.

Les terres qu'on laiffe en jacheres , peuvent être employées à cette culture , qui améliorera celle du Bled ; la façon n'en fera point retardée , puifque ces Pommes fe tirent de terre en

Oĉtobre & Novembre, & que ce n'eſt qu'alors que l'on ſeme le Froment. La terre déjà bien diſpoſée par leur récolte, n'exilgera qu'un labour.

Un Cultivateur peut donc compter que les Pommes de terre ne lui coûteront preſque rien, & qu'il épargnera la moitié ou le tiers ſur le prix du Pain qui en ſera compoſé.

Tant d'avantages reconnus, doivent faire eſpérer que la culture des Pommes de terre ſi précieuſe à tous les Peuples qui la ſuivent, ne ſera plus négligée dans pluſieurs Provinces de France, & ſur-tout en Normandie, où cette plante eſt preſque ignorée ou mépriſée par préjugé.

On pourra adopter, ſelon la nature du ſol, la méthode Allemande ou l'Angloiſe. Je penſe que dans les terres légeres, ou qui auroient peu de fond, la premiere doit être préférée; ou ſi l'on ſuivoit la derniere, aulieu de creuſer les tranchées d'un pied, on en réduiroit la profondeur à ſept ou huit pouces; mais alors on ne pourroit ſe diſpenſer de rechauffer au moins une fois.

Les Obſervations que j'ai rapportées ſur la culture & l'uſage des Pommes de terre, étoient déjà connues. Je n'ai d'autre mérite que d'en avoir raſſemblé les détails, pour les indiquer à mes Compatriotes : mais la maniere d'en faire du Pain, telle que je l'ai expoſée, n'avoit point encore été pratiquée. Les divers Eſſais que j'en ai préſentés à la Société, ont eu ſon approbation, & l'uſage que j'en ai fait, m'a convaincu de ſes bonnes qualités.

On ſe feroit illuſion, ſi l'on craignoit que cette reſſource, ſi utile aux Pauvres, pût avilir le prix du Bled.

Toutes les Provinces de France ne ſont pas, à beaucoup près, également riches en cette production de premiere néceſſité. On ſçait que c'eſt par la voie des Marchés, qu'elle ſe trouve pouſſée & tranſportée ſucceſſivement, & enfin répandue dans tout le Royaume, à raiſon de la quantité des beſoins des Habitans de chaque lieu.

En

En supposant qu'au moyen de l'usage du Pain de Pommes de terre en Normandie, on y consommât un quart de Bled, moins qu'auparavant; il me semble qu'au moyen de l'exportation extérieure & de la circulation intérieure de cette denrée, il rentreroit en Normandie, un quart d'argent de plus; & quand le prix du Bled en recevroit quelque diminution, les Cultivateurs & les Fermiers n'en seroient pas plus pauvres & n'en souffriroient pas. Ils en consommeroient beaucoup moins qu'à l'ordinaire; ils en vendroient par conséquent davantage, & ils retrouveroient au moins par cette économie, ce qu'ils pourroient perdre sur le prix. Loin qu'il en puisse naître quelques inconvéniens, il seroit facile d'en démontrer les avantages généraux. La subsistance devenue plus abondante, augmenteroit la population dont elle est la juste mesure. Une grande population fait la sûreté, la richesse & la gloire d'un État.

APPROBATION.

J'AI lu par ordre de Monseigneur le Vice-Chancelier, un Manuscrit intitulé : *Mémoire sur les Pommes de terre & sur le Pain économique* ; je n'y ai rien trouvé qui puisse en empêcher l'impression. A Rouen, ce 6 Mai 1767. *Signé*, YART.

LETTRE

D'UN CITOYEN

A SES COMPATRIOTES,

Au sujet de la Culture des Pommes de terre.

LA Patrie peut être comparée à une Ruche ; les Citoyens imitant la conduite laborieuse & policée des Abeilles, viennent y apporter, y déposer, y perfectionner les fruits de leurs courses, de leurs recherches, de leurs découvertes & de leurs travaux. C'est pour remplir cette tâche, qu'étant venu me reposer dans la Ruche natale, j'y fais l'offrande de ce que j'ai pu découvrir d'utile dans les différens Pays que j'ai parcourus. Si ce procédé, qui n'est qu'un devoir, qu'un acte de justice, ne me donne point de droits sur la reconnoissance publique, il ne doit pas être dédaigné ni rejetté, sur-tout, si ce que je propose est de nature à devenir vraiment utile à la Société.

Mon travail intéresse la subsistance des hommes : il est donc

H ij

important. Il peut la rendre meilleure, plus abondante & moins dispendieuse : il est donc vraiment utile.

Il n'en peut résulter que des avantages : il est donc essentiellement bon ; il est goûté, approuvé par tous ceux qui ont pris la peine de l'examiner, & d'en bien combiner les effets. C'est une opération suivie, vantée par ceux qui ont commencés à la pratiquer : il sembleroit donc que ses bons effets devroient être incontestables ; mais cependant ils sont encore contestés par plusieurs ; je vais prouver que ce n'est que l'effet des préjugés, des préventions, des erreurs, de la répugnance que l'on attache sans savoir pourquoi, aux choses nouvelles, & que l'on ne connoît pas bien.

Animé uniquement, mes chers Compatriotes, du desir de vous être utile, je n'ai dessein que de vous exposer la vérité : ce sentiment doit désarmer la critique chez ceux mêmes qui en font profession, ou la rendre impuissante parmi ceux qui savent bien juger.

Qu'une opinion fondée en principe & en vérité, n'est souvent qu'un petit nombre de Sectateurs ; c'est l'effet tout naturel des différentes manieres de voir, de sentir, de juger parmi les individus de l'espèce humaine.

Qu'une nouvelle méthode, mais peu connue, quoique conforme à la raison, à l'ordre des choses, & même démontrée par l'expérience, & couronnée par le succès, soit bien reçue par quelques-uns, & rejettée, ou du moins négligée par plusieurs, c'est ce qui paroît d'abord étonnant ; mais qui cependant cesse de l'être, quand on fait attention à la force de l'habitude contractée depuis long-temps, à l'ancien usage du Pays, auxquels la plûpart des hommes s'assujettissent machinalement, à l'amour de sa façon d'être & d'agir, si puissant parmi les hommes.

D'ailleurs, il convient aux gens sensés, d'être en garde contre les nouveautés, dont plusieurs, en apparence très-bonne, ont été abandonnées presqu'aussi-tôt que reçues, parce que l'expé-

rience en a fait connoître les défauts, & que l'effet n'a point ré-
pondu à l'attente.

MAIS qu'une culture reconnue depuis cent ans, comme étant
de la plus grande utilité dont l'Europe entiere qui l'a reçue de
l'Amérique, peut tirer les secours les plus essentiels, qui est pratiquée avec le plus grand soin, chez les Peuples sages qui nous
avoisinent, tels que les trois Royaumes d'Angleterre, toute l'Allemagne, la Hollande, la Flandre, la Suisse, qui fait même la
principale ressource de quelques Provinces de France, telles que
la Lorraine, l'Alsace, le Lyonnois & Beaujolois, l'Auvergne,
&c. qui la regardent, ainsi que les autres Peuples que je viens de
citer, comme la base & le soutien de leur existence; qu'une culture, dont une longue & heureuse expérience a démontré les
nombreux & importans avantages, & qui ne sont balancés par
aucun inconvénient que l'on puisse raisonnablement citer; qu'une
culture qui réussit aussi bien chez nous que dans ces différentes
contrées, comme les essais faits depuis deux ans, par de bons
Citoyens, dans plusieurs endroits, le prouvent démonstrative-
ment; qu'une telle culture trouve parmi nous des adversaires &
des critiques, c'est sans doute ce qu'on ne peut attribuer qu'à
l'opiniâtreté, à l'aveuglement & à l'esprit de contradiction. Tel
est cependant le sort de la culture des Pommes de terre; culture
chérie chez tous les Peuples qui la pratiquent, culture qui est
devenue chez eux la base de l'économie rurale, le nerf de l'Agriculture, la richesse du Laboureur, & la ressource du Peuple,
en devenant la principale subsistance des hommes, la nourriture
& l'engrais des animaux en général, & qui en fournissant un
moyen assuré de les élever & de les multiplier, fournit l'abondance des viandes dans les Villes, & des fumiers dans les Campagnes. J'aurois peut-être lieu de craindre de passer pour un vision-
naire & un enthousiaste dans l'esprit de ceux qui ne connoissent
pas les effets essentiels de cette culture, si je ne prouvois pas,
comme je vais le faire, tout ce que j'avance ici.

ET comme il n'y a point de meilleures preuves que celles qui giſſent en faits, je vais d'abord en citer. Si je les tirois des Pays lointains, je pourrois courir le riſque de trouver des incrédules ; mais je ne ſortirai point du Royaume, pour mieux unir à la foi de ce que j'avance, le témoignage de tous ceux qui ont pu le voir comme moi.

On ne peut regarder ſans admiration, la quantité de beſtiaux de toute eſpèce, que l'on voit dans une Métairie, dans la Lorraine & dans l'Alſace. La vigueur, le bon état de ces animaux, la quantité de Valets & de Servantes, employés non-ſeulement à ſoigner ces troupeaux, mais ſur-tout à travailler aux différentes parties de l'Agriculture, qui là, ne manquant point de bras, eſt dans une vigueur qui étonne avec raiſon, tout Voyageur qui ſçait réfléchir ; mais après avoir parcouru d'un œil ſatisfait, ces plaines vaſtes & fertiles, couvertes de bleds & de grains de toute eſpèce, après avoir félicité le Cultivateur heureux qui jouit de tant d'abondance, ſi on lui demande quelle en eſt la principale ſource, ce Cultivateur n'héſite pas à répondre. « Regardez ce » champ verdoyant, ce champ de Pommes de terre, c'eſt lui qui » eſt la cauſe de la fertilité de tous les autres ; c'eſt lui qui me » donne moyen d'élever, de nourrir une ſi grande quantité de » beſtiaux qui me procurent abondamment des engrais : c'eſt » lui qui fournit en grande partie, à la nourriture de ma famille » & de mes Domeſtiques ; & comme je les nourris ainſi à peu de » frais, je ne crains point d'en avoir un grand nombre ; ce qui » me met en état de mieux cultiver mes terres, de les purger de » mauvaiſes herbes, & d'y apporter tous les ſoins auxquels vos » Laboureurs avouent ne pouvoir ſuffire, parce qu'ils manquent » de travailleurs, & qu'ils n'ont point chez eux autant de gens » qu'il leur en faudroit pour bien ſuivre leurs travaux, dans la » crainte de voir conſommer la plus grande partie du Bled qu'ils » ont récolté.

» Pour nous qui en conſommons peu, nous en vendons » beaucoup, de même que de nos autres grains, & voilà la cauſe » de notre aiſance.

» REGARDEZ nos enfans, nos gens qui mangent des Pommes
» de terre, ne font-ils pas au moins, auffi fains, auffi forts, auffi
» contens que les gens de votre Pays ?

» MAIS trouvez-vous bien à vendre vos grains ? Oh, oui,
» jamais il ne nous en refte ; mais cependant, vous & vos voi-
» fins, vivans en bonne partie de Pommes de terre, il femble
» que cela doit avilir le prix du Bled.

NON, difent-ils, on mange du Pain dans les Villes, & il faut
bien que les Campagnes y fourniffent ; d'ailleurs, n'avons-nous
pas le Rhin qui en tranfporte au loin chez ceux qui en manquent ?
Par-tout où il y a des Rivieres navigables, on trouve toujours à
fe défaire de cette denrée de premiere & générale néceffité ; la
circulation intérieure ne la pouffe-t-elle pas naturellement dans les
endroits qui en ont befoin ? Voilà ce que nous appercevons par
le raifonnement, & il faut bien que cela foit, puifqu'effectivement ici, comme ailleurs, où l'on vit en grande partie de Pommes de terre, les grains font toujours biens vendus.

VOILA ce que difent les Alfaciens ; voilà ce que difent tous
les Habitans des Pays où on cultive des Pommes de terre ; ou
plutôt, voilà ce que leur a prouvé une longue & conftante expérience.

ON répondra fans doute : cela eft bon pour ces gens-là ; mais
ce n'eft pas la même chofe pour nous. Croit-on donc qu'un Allemand foit d'une autre nature, parce qu'il parle une autre langue ?
Le Flamand, le Lyonnois, le Franc-Comtois parle Français, &
en fait le même ufage ; mais c'eft bon pour des Pays moins heureux que le nôtre, pour de mauvaifes terres : erreur ; d'abord, il
ne faut pas s'attendre, à moins de beaucoup d'engrais & de foins,
que cette culture réuffiffe bien dans de très-mauvais terreins. Le
fol d'Alface eft admirable, les légumes y viennent en plein
champ, & leur beauté n'eft pas moins étonnante que leur abondance ; il n'y a certainement aucunes de nos Provinces, qui foit
généralement auffi fertile.

Mais quoi, faudra-t-il arracher nos Bois, détruire nos Prairies, pour y planter des Pommes de terre ? Non fans doute ; faudra-t-il donc employer à cette culture, nos bonnes terres à Bled ? Il faut calculer auparavant, s'il y auroit à gagner ou à perdre ; je réponds à ces queftions fi fouvent faites : ne prenez point la peine de faire ce calcul très-inutile, comme vous allez voir. Nous ne venons point, comme Sir politique, vous propofer de mettre tout le Royaume en Ports de Mer ; nous ne venons point vous confeiller de fubftituer à la précieufe culture du Bled, celle des Pommes de terre ; non : mon premier vœu, & le plus fincere, eft que ma Patrie jouiffe de celui qu'elle récolte, & que l'on ne faffe paffer chez les autres, que ce qu'il y aura de trop chez nous.

Nous ne venons point déranger l'ordre ordinaire de vos récoltes ; nous vous propofons une culture qui vous fera d'un grand avantage, fans rien prendre fur aucune des autres : & voilà comment.

N'êtes-vous pas dans l'ufage de partager vos terres en trois fols ou compots ? Vous enfemencez un tiers en Froment, un autre tiers en menus grains ou mars ; & l'autre tiers eft deftiné à ne rien produire, & refte, comme vous le dites, en jacheres. C'eft une partie de cette terre, deftinée à ne rien produire cette année là, que vous emploierez à cette nouvelle culture. Si vous avez, par exemple, vingt acres de terre en jachere, vous en prendrez un acre ou deux, que vous fumerez & labourerez au Printemps ; vous y ferez votre plantation de Pommes de terre au mois d'Avril, & vous en ferez la récolte au mois d'Octobre ; & après cette récolte, il ne fera befoin que de donner un fimple labour à votre terre, & vous y femerez du Bled.

Je peux affurer à tout Cultivateur, fans crainte d'être démenti par l'expérience, puifque c'eft d'après elle que je parle, qu'il aura de plus beau Bled fur cette terre, que fur celle qui étoit reftée en repos. Les Allemands qui l'éprouvent annuellement, difent que les Pommes de terre engraiffent le terrein ; je ne crois pas que ç'en foit une preuve : mais c'eft que le champ fe trouve merveilleufement préparé par le cerfouiffage pendant l'Été, & par l'opération de la récolte qui oblige de retourner tout le terrein. Mais, dira-t-on, il y a quelques cantons en Normandie, où l'on ne laiffe point de terres en repos ; là, l'expérience fera connoître s'il n'y a pas plus d'avantage à faire de moins, un acre d'orge, d'avoine ou de farrafin, & d'employer cet acre à la culture des Pommes de terre. On peut en juger aifément par cette comparaifon. Un acre d'orge ne rapporte pas mille pefant en grain ; & un acre de Pommes de terre bien cultivées, rapportera trente mille pefant. On peut juger par-là, de l'étendue de la nourriture, & par conféquent du profit.

Il n'y a donc pas plus d'inconvénient à cultiver les Pommes de terre en Normandie, que par-tout ailleurs ; mais il eft aifé à démontrer que cette culture y fera plus utile, & même plus néceffaire.

La Normandie eft une des Provinces de France la plus abondante en pâturages : on y peut faire aifément des éleves pendant l'Été ; mais l'infuffifance de la nourriture pendant l'Hyver, y met des obftacles : retenus par cette confidération, les uns n'élevent point pendant l'Été ; les autres vendent à l'approche de l'Hyver ; & ceux qui ont nourri des animaux pendant cette faifon, les vendent très-chers au Printemps, pour fe dédommager de ce qui leur en a coûté, fur-tout ces dernieres années, où les grains & les fourages ont été à haut prix. Au moyen des Pommes de terre, ces difficultés n'auront plus lieu ; la récolte d'un acre fuffit pour nourrir pendant tout l'Hyver, un grand nombre d'animaux de toute efpèce, Chevaux, Vaches, Cochons, Moutons, Volailles, &c.

Tous ces animaux, exempts de préjugés & de fubterfuges, en mangent très-bien, finon crues, au moins cuites, les premieres fois qu'on leur en donne ; l'efpèce ainfi deviendra plus commune, & par conféquent à meilleur marché, & les Villes fe ref-

I

fentiront de l'abondance des Campagnes : voilà fans doute un avantage réel ; & quand il n'y auroit que celui-là, il devroit fuffire pour déterminer à fuivre cette culture, puifqu'elle feroit toujours utile, même dans des années d'abondance ; mais dans celle de difette, elle feroit fans doute encore plus précieufe, puifqu'elle peut fournir à la fubfiftance des hommes, non-feulement en les mangeant telles qu'elles font, mais fur-tout d'après leur excellente propriété bien reconnue, d'en faire de très-bon Pain avec une mixtion de Farine ; Pain très-fain, nourriffant, & que je peux, fans fcrupule, propofer aux autres, puifque j'en mange depuis trois ans, par goût & par raifon de fanté.

Ce Pain a d'ailleurs l'ineftimable avantage de fe conferver fain & mangeable, pendant des années entieres. M. d'Angerval en a confervé pendant deux ans.

Je ne me prévaudrai point ici de l'exemple des Princes d'Allemagne, & des Milords Anglais, qui au milieu de tous les mets fervis fur leurs tables, mangent de préférence, & par goût, des Pommes de terre : mon deffein n'eft point d'engager à imiter leur exemple ceux de nos Concitoyens, dont l'opulence ne doit être flattée que de ce qu'il y a de plus rare & de plus cher ; ceux-là ne doivent être embarraffés que du choix des Cuifiniers & des Ragoûts, & on ne peut que leur fouhaiter un bon eftomac & une bonne digeftion. Mais quand ils voudront bien fonger qu'il y a une quantité de pauvres familles fouffrantes, qui ne cherchent & ne defirent que les moyens de fubfifter, ils me pardonneront de leur préfenter des Pommes de terre, qui fourniffent aux befoins de leurs parens, par-tout où elles font connnes : c'eft pour ceux-ci que je travaille, & fur-tout pour nos bons amis de la Campagne, pour ces Laboureurs qui nous font vivre, & dont quelques-uns ont bien de la peine à fubfifter ; c'eft pour cette portion de Citoyens vraiment utiles, que j'écris, que je travaille ; c'eft à eux à qui je crie : cultivez des Pommes de terre, regardez comme gens mal informés, ceux qui voudroient vous en diffuader. Je dis mal informés, parce que je ne peux croire qu'il y en ait d'affez mal intentionnés pour vouloir s'efforcer d'arracher de la main du Pauvre, le Pain que j'y ai mis. C'eſt à eux à qui je dis: croyez-en plutôt des Seigneurs de Paroiffes, des Prélats bienfaiſans, des Curés charitables, qui après avoir nourri pendant l'Hyver dernier, leurs Vaffaux & leurs Paroiffiens, avec le Pain de Pommes de terre, en ont configné les bons effets dans les Papiers publics, afin d'en attefter la vérité, de la faire connoître, & d'engager les autres à ſuivre leur exemple.

VOILA ceux qu'il faut croire, puiſqu'ils parlent d'après l'expérience & avec connoiffance de caufe, & non pas ceux qui n'ont décidé que d'après des préjugés ou des erreurs, & qui prononcent un Arrêt décifif contre les Pommes de terre, fans en avoir jamais ni mangé, ni même vu. Que ne m'eſt-il permis de nommer ici des Gentilshommes, des Magiftrats, de vrais Citoyens, dont les lumieres & l'équité font également connues! Si le même principe qui les a fait agir, leur permettoit de publier leurs bienfaits, ils attefteroient eux-mêmes combien leur bienfaifance a été fecondée & augmentée par la diſtribution du Pain de Pommes de terre, & combien ceux qui en ont profité, s'en font bien trouvés; un de ceux-là, dont la naiffance, moins encore que fon amour connu pour le bien public, qui, à la fatisfaction de cette Ville, vient de réunir les fuffrages de fes Concitoyens, s'eſt mis bien en état par l'expérience, de détromper tous ceux qui font dans l'erreur à ce fujet.

MAIS que peut-on ajouter aux preuves reconnues de l'avantage de cette utile culture qui commence à germer & à réuffir fi bien, & qui s'étend de plus en plus, depuis deux ans, dans cette Province, qui fûrement par la fuite en reconnoîtra encore mieux les bons effets & les avantages? Elle eſt utile, elle eſt facile, elle ne manque jamais; les vents, les orages qui ravagent les grains, & font perdre en un inſtant au Cultivateur défolé, les fruits de fes travaux & de fes efpérances, ne peuvent lui nuire; la grêle même qui écrafe, qui ruine les autres productions de la terre, ne peut endommager cette moiffon fouterraine qui eſt à l'abri de tous les

I ij

événemens. C'est ainsi qu'en Lorraine, j'ai vu manquer presque tous les Bleds, dans une malheureuse année, sans que pour cela, le Peuple en fût plus inquiet, ni effectivement plus à plaindre ; sa subsistance ordinaire étoit assurée, il avoit des Pommes de terre. Si quelque fatalité semblable affligeoit notre Patrie, on éprouveroit plus que jamais, de quelle ressource seroit alors cette manne aussi saine que nourrissante. Pénétré de l'utilité de cette culture, je m'estime heureux d'être venu le premier en faire l'offrande à ma Patrie ; ce n'est pas que j'ignore que des Citoyens animés du même zele, en avoient parlé avant moi, & en avoient même cultivé quelques plantes dans leurs jardins ; mais plus retenus que je ne l'ai été par les préventions, par l'idée où l'on étoit, que cette culture ne réussiroit pas en grand dans notre Pays comme ailleurs, personne ne l'avoit tentée ; c'est ce que j'ai fait, aidé par la bienfaisance de M. l'Intendant ; je fis venir il y a deux ans, des meilleurs espèces de Pommes de terre, & j'en plantai un champ, dont l'abondante récolte ne laissa plus douter du succès ; je fis annoncer que cette récolte étoit destinée aux Cultivateurs qui en voudroient planter, elle leur fut effectivement distribuée ; & c'est ainsi que ce germe, naissant dans la Province, a été prendre racine dans ses différentes parties.

C'est ainsi que les différentes Lettres que j'ai reçues, m'ont fait connoître qu'on a commencé & suivi avec succès, cette culture dans plusieurs endroits ; qu'on en reconnoît déjà les avantages, sur-tout en Basse-Normandie, où le Peuple Villageois ne vit gueres que de Sarrasin ou d'Orge. On a reconnu que la Farine de ce grain, mêlée avec la pulpe de Pommes de terre, perdoit beaucoup de sa rudesse & d'une certaine âcreté qui lui est naturelle, & que le Pain en étoit infiniment meilleur & plus sain.

J'ai eu la satisfaction d'apprendre le bien qui commence à en résulter, & sur-tout de voir que plusieurs Citoyens zelés qui ont mis en usage les méthodes que j'ai indiquées, se sont appliqués à les simplifier & à les perfectionner, pour les rendre encore plus praticables & plus faciles ; & j'espere bien qu'à l'avenir le concours des Cultivateurs , attentifs obfervateurs des effets & des réfultats de cette culture , fera bien mieux encore , que je n'ai pu dire , & portera à la perfection , les premiers efforts que j'ai faits.

CAR cette culture n'eft encore que dans un état d'enfance , qui a befoin d'être foutenue contre le cours des préjugés & des erreurs , & trop foible d'ailleurs , pour pouvoir s'étendre par elle-même , auffi promptement que je le defire. C'eft dans la vue de remédier au premier mal , mes chers Compatriotes , que je vous fais paffer ces éclairciffemens & cet expofé fidele ; & pour obvier à l'infuffifance de la femence , que je travaille à vous en procurer pour l'année prochaine ; car j'ai fenti d'abord , qu'il ne fuffifoit pas d'être l'Apôtre des Pommes de terre , mais qu'il falloit encore en être le Pourvoyeur , pour mettre à même ceux qui veulent en planter , de s'en procurer de bonne efpèce ; précaution qui m'a paru d'autant plus néceffaire , que l'on ne connoiffoit gueres dans ce Pays-ci , que les Topinambours ; efpèce confondue , quoique bien mal-à-propos , avec les Pommes de terre , puifqu'elle en differe prefqu'autant que les Navets different des Feves.

SANS entrer ici dans un détail de Botanique , qui prouveroit combien leurs caraéteres font diftinétifs , les Pommes de terre font farineufes , & les Topinambours , aqueux comme les Navets ; & les propriétés de ces deux efpèces , très-diftinétes , different autant , qu'elles fe reffemblent peu par leur port , leur feuillage , leur fleur , & enfin par toutes les parties de leur fruétification.

L'ERREUR où bien des gens font encore cependant , de confondre ces deux efpèces , a fait tomber dans une autre. C'eft , dit-on , que les Pommes de terre infeétent un terrein où l'on en a une fois planté. Cela eft vrai , à l'égard des Topinambours , dont la gelée n'endommage pas plus les racines que celles du Chiendent , & qui pouffent véritablement ainfi , par-tout où elles ont pris poffeffion du terrein ; mais il n'en eft pas de même des Pommes de terre , qui , pour le peu qu'elles foient frappées de la gelée , pourriffent fans retour : ainfi , lorfqu'il y a eu pendant l'Hyver une feule gelée affez forte pour pénétrer en terre jufqu'où eft la Pomme, on peut être affuré qu'il n'en repouffera pas au Printemps. Je me trouve d'autant plus obligé de donner ici cet éclairciffement, que je me fuis mal expliqué à ce fujet dans mon Mémoire, ayant paru appliquer aux Pommes de terre, ce que je n'entendois dire que des Topinambours. C'eft une faute que j'ai moins de peine à reconnoître, que j'en aurois à la laiffer fubfifter, puifque dans le Mémoire, comme dans cette Lettre, je n'ai eu & n'ai d'autres prétentions, que de rendre des faits bien conftatés, & que je foumets à l'expérience de tous ceux qui voudront s'en affurer par eux-mêmes. Je renvoie à ce Mémoire qui fe trouve chez Machuel, rue Saint Lo, à Rouen, ceux qui voudront prendre connoiffance de la culture des Pommes de terre, de leur ufage & de la maniere d'en faire du Pain. J'ajouterai feulement ici deux procédés que l'expérience a fait reconnoître plus fimples, & par conféquent préférables à ceux que j'ai indiqués. La Machine que j'ai propofée pour broyer les Pommes de terre, étant au-deffus de l'intelligence & des moyens de plufieurs Habitans de la Campagne, qui ne font gueres ufage que des uftenfiles qu'ils connoiffent, & qu'ils ont fous la main, il a été trouvé plus fimple de leur indiquer de préparer les Pommes de terre d'une maniere plus à leur portée.

C'est après les avoir bien lavées à plufieurs eaux, pour les purger de la terre, dont font fur-tout remplies les petites cavités où font logés les germes, de les faire cuire dans de l'eau bouillante; & après les avoir laiffées égoutter & rafraîchir dans un panier, de les mettre par partie dans une paffoire; & ufant du même procédé, qui leur eft familier, pour les pois, de les réduire en purée, obfervant de mettre à part chaque fois le marc qui refte au fond de la paffoire, pour le donner aux Beftiaux, qui le mangent très-bien. Lorfque l'on a obtenu ainfi une quantité fuffifante de purée, felon la quantité de Pain que l'on veut faire, après avoir difpofé le levain à l'ordinaire, obfervant cependant d'y en mettre un peu plus, on jette avec ce levain détrempé dans l'auge à pétrir, une quantité égale de cette purée & de Farine,

& on pétrit le tout enfemble, fans y ajouter d'eau, fi on peut l'obtenir de ceux qui pétriffent ; car moins on y mettra d'eau, plus l'opération fera pénible, mais plus le Pain fera léger, beau & bon. On obvie ainfi à l'opération de peler les Pommes de terre ; ce qui ne peut fe faire fans perte de temps & de matiere.

L'AUTRE méthode eft encore plus prompte, plus facile ; c'eft de faire cuire les Pommes, comme on vient de le dire ; de les écrafer telles qu'elles font, dans un baquet, & de les réduire en pâte ; & après avoir fait la mixtion de Farine, de bien pétrir le tout enfemble. L'expérience a fait connoître que cette opération bien faite, fur-tout par des bras vigoureux, acheve de diffiper la peau des Pommes, déjà réduite en petites parcelles par le broye-ment, de façon qu'on n'en apperçoit point de marques dans le Pain.

LES bouches plus ou moins délicates, auront à choifir celui de ces procédés qui leur conviendra le mieux. L'un & l'autre eft d'une exécution plus prompte, plus facile, & par conféquent préférable.

CELUI qui n'a en vue que le bien public, ne doit avoir d'autre opinion que celle qui y eft la plus favorable.

PARMI tous ceux de mes Compatriotes qui penferont & juge-ront felon cette maxime, la culture des Pommes de terre ne trouvera gueres de contradicteurs.

JE ne faurois finir, fans rendre ici publique la reconnoiffance que nous devons à ce fujet, à l'illuftre & bienfaifant Gouverneur de cette Province : on fait que perfonne ne connoît mieux, ne fait mieux prifer & faire valoir les différentes branches d'Agri-culture ; convaincu de l'utilité de la culture des Pommes de terre, il a voulu, pour le bien du Pays qu'il habite, en faire cultiver à l'abri des forêts de mûriers qu'il a plantées.

C'EST lui, qui, en ranimant mon zele, m'a recommandé de

suivre ce travail avec encore plus d'étendue , cette année : c'est par lui que j'ai reçu pour cet effet , des encouragemens & des secours ; & c'est ainsi à lui que les Cultivateurs devront l'avantage de les avoir à plus bas prix ; & les Pauvres , les distributions gratuites que je me propose de leur faire pendant l'Hyver prochain.

RAPPORT

RAPPORT

Fait à la Faculté de Médecine de Paris,
sur l'usage des Pommes de terre.

ES Pommes de terre inconnues en Europe, avant
la découverte du nouveau Monde où elles viennent
naturellement, y ont été transportées il y a environ
deux siécles. Cultivées depuis ce temps pour la nourriture des hommes & des bestiaux, elles sont devenues
si communes, qu'il n'y a presque point de Province où l'on n'en
trouve, où ces racines tubéreuses ne soient regardées comme une
ressource utile en tout temps, & nécessaire dans les cas de disette.
Excités par l'amour du bien public, tous les Auteurs qui ont
parlé de cet aliment, ont cherché, par les éloges qu'ils en ont
fait, à intéresser les Cultivateurs, & même attirer l'attention du
Gouvernement pour un objet qu'ils regardent comme singuliére-
ment important. La facilité à élever cette plante, qui suivant eux,
ne demande que peu de soins, & croît abondamment dans les
terreins qui restent la plûpart incultes ; la bonté de la nourriture
qu'elle peut fournir à peu de frais aux hommes qui les mangent
avec plaisir, lorsqu'ils y sont accoutumés ; l'utilité dont elles
sont pour élever & engraisser la plûpart des bestiaux ; l'excellen-
ce & l'abondance du lait que fournissent les Vaches à qui on en
donne, sont les motifs qu'ils exposent à l'envi, pour faire con-

K

noître combien il eſt avantageux de cultiver une plante d'une utilité ſi étendue.

CES éloges ne ſont pas ſeulement dans les ouvrages de ceux qui ont écrit ſur l'uſage & la culture des Pommes de terre : ſi l'on interroge les Habitans de différentes Provinces où ces racines ſont abondantes, il n'en eſt point qui n'en parle comme d'un aliment auſſi utile qu'agréable. Tout le monde ſait avec quel plaiſir & quelle avidité les enfans en mangent pour ainſi dire ſans apprêt ; & ce goût, lorſqu'ils l'ont une fois contracté, ſubſiſte juſque dans l'âge avancé, quoique l'on voie preſque tous, les autres ſe perdre avec le temps.

TANT d'éloges donnés unanimement aux Pommes de terre, & même prodigués par tous les Écrivains : les champs immenſes, dans preſque tous les Pays de l'Europe, couverts de cette plante : l'expérience que fournit cette multitude d'hommes qui en font un uſage journalier, auroient dû mettre ces racines à l'abri d'être ſoupçonnées de pouvoir jamais être nuiſibles : cependant un Auteur anonyme expoſe dans une Lettre qu'il adreſſe aux Médecins, & qu'il a fait inſérer dans la cinquieme des Feuilles hebdomadaires qui s'impriment à Rouen, & qui eſt datée du premier Février 1771, qu'il a lieu de douter que cet aliment ſi préconiſé, ſoit auſſi ſalutaire qu'on veut le faire croire : les raiſons qu'il rapporte, ont paru avec juſtice à M^r. le Contrôleur Général, mériter que vous fuſſiez conſultés, Meſſieurs, pour ſavoir ſi les doutes de cet Auteur ſont fondés, & s'il y a en effet quelque danger à craindre pour ceux qui font uſage des Pommes de terre.

CHARGÉS de vous donner les éclairciſſemens néceſſaires pour répondre à M^r. le Contrôleur Général, nous avons aiſément reconnu que cette réponſe exigeroit un travail & des recherches beaucoup plus étendues que celles que nous avons faites : mais le temps qu'elles nous auroient pris, auroit trop retardé la réponſe que vous lui devez ; nous avons donc penſé qu'il ſuffiroit de ſatisfaire plus ſuccinctement à ſes demandes, en lui offrant néanmoins d'examiner par la ſuite, & de diſcuter avec plus de ſoin, la queſtion, s'il le jugeoit à propos.

Ce qui a commencé à faire naître lés foupçons de l'Auteur de la Lettre fur l'ufage des Pommes de terre , eft , dit-il , un paffage de Mʳ. Tyffot , dans fon Traité fur les Maladies des Gens du Monde (*édition de 1770* , *page 267* ;) il dit y avoir lu que les Pommes de terre font placées dans la claffe des alimens gras & vifqueux.

Mais cet Auteur auroit dû obferver que Mʳ. Tyffot, dans fon Effai fur les Maladies des Gens du Monde , *édition de 1770* , après avoir parlé de ceux qui ont quelque vifcere obftrué , des caufes de ces obftructions , de leurs différens fiéges , ce qu'il fait d'une maniere très-abrégée , comme il eft permis de le faire dans un Effai & non dans un Traité , propofe enfuite , & de la même maniere , les moyens que ces Perfonnes doivent employer pour leur guérifon ; les premiers , devant fe tirer de la diete : il recommande au premier article , la fobriété ; le fecond , *page 267* , eft conçu en ces termes.

» 2°. La plus grande attention à éviter tous les alimens gras
» & vifqueux , tels que les pieds , les têtes , les inteftins d'ani-
» maux , les pâtifferies , tous les laitages , les châtaignes , les
» Pommes de terre , & en général tous les épaiffiffans. »

Il eft facile de voir que Mʳ. Tyffot défend aux Perfonnes obftruées , les Pommes de terre , comme un aliment épaiffiffant ; mais il n'en interdit pas plus l'ufage aux Perfonnes faines , que celui des châtaignes , des laitages , des pâtifferies & des iffues des animaux. L'anonyme , fans doute , ne prétend pas non plus leur interdire tous ces alimens , parce que Mʳ. Tyffot juge avec raifon , qu'ils ne conviennent pas aux perfonnes obftruées.

Lorsqu'il s'agit de guérir un Malade , le premier foin d'un Médecin doit être de conformer la nourriture de ce Malade à fa fituation , de veiller avec la plus grande attention , à ce que la qualité des alimens dont il fe nourrit , foit, autant qu'il eft poffible , oppofée au caractere vicieux de fes humeurs. Chez les Perfonnes obftruées , elles tendent prefque toujours à l'épaiffiffement : on a lieu de leur foupçonner une vifcofité qui les laiffe difficilement traverfer leurs couloirs. Il eft donc très-important de corriger cette vifcofité, par des alimens qui fe digerent aifément, ou du moins, de ne la point augmenter par des épaiffiffans d'une confiftance trop forte, & qui ne pourroient être brifés que par une action pénible des vifceres.

· L'Auteur de la Lettre confond encore les idées de M^r. Tyffot, lorfqu'il avance que cet Auteur a placé les Pommes de terre dans la claffe des aliments gras & vifqueux ; il fuffit qu'elles donnent un fuc vifqueux, capable d'épaiffir les humeurs, pour que M^r. Tyffot les défende aux perfonnes obftruées, ainfi que les aliments gras qui leur font également nuifibles.

Le fecond Ouvrage où les motifs des foupçons fur l'ufage des Pommes de terre, ont été puifés, eft le *Guide du Fermier* : cet Ouvrage auffi eftimé qu'il eft eftimable par les vues nombreufes & de la plus grande utilité dont il eft rempli, eft partagé par Lettres qui contiennent des inftructions effentielles fur la maniere d'élever, de nourrir les différents beftiaux d'une baffe-cour, & d'en tirer le plus grand profit. L'Auteur, perfuadé de l'avantage immenfe que les gens de la Campagne peuvent fe procurer, en cultivant les Pommes de terre, a jugé à propos de terminer fon Livre par une Lettre très-étendue fur ce fujet, quoiqu'elle parût s'écarter de celui qu'il s'étoit propofé de traiter.

Il faudroit, Meffieurs, vous tranfcrire ici toute la Lettre, pour vous donner une idée de la maniere dont l'Auteur penfe fur la bonté de l'aliment que fourniffent les Pommes de terre ; il y répéte prefque à chaque page, qu'il eft difficile de fe procurer une nourriture plus faine, plus abondante & à moins de frais ; il affure « que de telle maniere qu'on les mange, elles font un » aliment plus fain, plus falutaire, plus falubre, plus nourriffant, » d'une digeftion plus facile que le Pain groffier que mangent » ordinairement les gens de la Campagne : » ce font fes termes, *pag. 101 & 102* ; & aux *pages 197 & 198*, il avoit déjà dit « » que feules, elles produifoient du Pain qui n'a d'autre défaut que

» d'être un peu lourd, mais qui l'est bien moins que le Pain que
» l'on fait avec des châtaignes, & que toutes ces espèces de Pain,
» pour l'ordinaire, mal cuits, que l'on fait dans beaucoup de
» Provinces, avec de l'Orge, de l'Avoine, du Sarrasin, des
» Féveroles, des Pois. »

Il est vrai que l'Auteur ajoute aux *pages 228, 229 & 230*,
comme l'a remarqué l'Auteur de la Lettre, que pour préparer la
Farine de Pommes de terre que l'on destine à faire du Pain ; » il
» faut les raper dans de l'eau claire & pure, remuer en-
» suite cette Farine dans l'eau qui devient d'un verdâtre sâle ;
» qu'une nouvelle eau dans laquelle on brasse cette Farine, se
» charge encore d'une couleur presque aussi foncée que la pre-
» miere ; qu'il faut la jetter, en remettre d'autre, brasser de nou-
» veau la Farine, changer encore d'eau jusqu'à ce que la der-
» niere reste aussi claire qu'elle y a été mise ; que ce n'est qu'au
» sixieme ou septieme lavage, qu'elle cesse de s'éteindre ; qu'il
» est visible par-là, que les Pommes de terre jettent beaucoup
» d'impuretés qui y restent toutes, lorsqu'on suit le procédé de
» la cuisson ; qu'il faut faire sécher cette Farine lavée & épurée,
» à la chaleur du Soleil, préférablement à celle du Four, qui en
» altere la blancheur ; qu'elle se conserve ensuite à merveille &
» pendant très-long-temps ; que néanmoins au mois de Mai, elle
» commence à s'altérer ; qu'enfin, elle se corrompt, devient
» verte, se pourrit, & n'est plus bonne à rien. »

L'Auteur attribue cette corruption au principe de végétation
qui se trouve dans toutes les parties de cette plante, & qui y est
d'une activité que rien ne peut détruire ; « ce principe que les
» grains perdent, dit-il, par la seule mouture, se développe
» au retour de la belle saison, dans la Farine de Pommes de
» terre, quelque divisée qu'elle ait été, & procure cette corrup-
» tion ; quoique, dit-il, on pense bien qu'il ne va pas jusqu'à
» pousser des tiges. Il ajoute même que la germination est si adhé-
» rente aux Pommes de terre, que l'amidon préparé avec ces ra-
» cines, & réduit en poudre à poudrer, présente encore les
» mêmes phénomenes que la Farine. »

Nous aurions defiré pouvoir éclaircir ces faits qui nous ont paru dignes de la plus grande curiofité : il feroit fans doute utile d'examiner plus particulierement cette partie colorante qui fe tire de la Farine des Pommes de terre, & ne peut s'enlever qu'après le fixieme ou feptieme lavage, & prononcer fi elle mérite les craintes qu'elles a données à l'Auteur de la Lettre ; mais vous fentez aifément, Meffieurs, combien ce travail auroit retardé une réponfe que votre empreffement pour le bien public, ne vous permettoit pas de différer auffi long-temps que l'auroit exigé cette recherche.

Privés des lumieres qu'auroit pu fournir une analyfe exacte de cette matiere colorante, nous aurons recours à l'expérience, ce grand Maître dans l'Art que nous profeffons.

Si les impuretés verdâtres que l'Auteur cherche à enlever par le lavage réitéré de la Farine des Pommes de terre, étoient nuifibles, comment ne s'en feroit-on pas apperçu par quelque dérangement dans la fanté du grand nombre d'adultes, & fur-tout d'enfans qui en font un ufage journalier ? Pourquoi, depuis que cet ufage eft devenu fi commun, aucun Auteur n'a-t-il parlé d'accidens que l'on dût attribuer à la qualité vicieufe de ces impuretés, dont jufqu'à préfent on n'a point cherché à priver les Pommes de terre ? Leur couleur verdâtre n'eft point une raifon pour les faire regarder comme plus dangereufes que les épinards, l'ofeille, les olives. Il peut être utile de priver la Farine de Pommes de terre, de cette matiere colorante, pour la rendre plus blanche & en faire un Pain plus beau, fans que l'on doive pour cela les regarder comme nuifibles à la fanté, lorfqu'on les y aura laiffées. Mr. Muftel, dans fon Mémoire fur les Pommes de terre & fur le Pain économique, qu'il a lu à la Société Royale d'Agriculture de Rouen, ne parle point de ces impuretés, & ne confeille aucun lavage, quoique fa maniere de préparer la Farine de ces racines, differe très-peu de celle que propofe l'Auteur du Guide du Fermier.

Mais tandis que ce dernier Auteur avance que fa Farine préparée & lavée, comme il l'a indiqué, forme avec le mélange d'un tiers de Farine de Froment, un Pain très-blanc, piqué d'yeux, léger, d'une digeftion facile & de bon goût, pourvu qu'il foit fait avec tout le foin poffible ; lorfqu'il va même jufqu'à dire que cette Farine feule donne un Pain paffable, & préférable de beaucoup, au Pain dont fe nourriffent en général les Habitans de la Campagne. M^r. Muftel, qui ne propofe aucune lotion, ne parle point de Pain fait avec cette Farine feule ; mais il affure qu'en la mêlant avec un tiers de Farine, on fait du Pain très-mangeable ; qu'à parties égales, il eft bon, & que le mélange d'un tiers de Farine de Pommes de terre, avec deux tiers de celle de Froment, fournit un Pain tel, qu'il eft difficile de s'appercevoir qu'il n'eft pas de pur Froment.

CES différences dans la qualité du Pain, quoique fait avec des quantités pareilles de Farine de Froment, & de celle de Pommes de terre lavée ou non lavée, la néceffité de mettre deux tiers de celle de Froment, fur un tiers de Farine non lavée, pour qu'il foit auffi beau que celui qui fe fait avec deux tiers de Farine lavée, & un tiers de celle de Froment, nous autorifent à penfer que ces impuretés verdâtres que l'on enleve à la Farine de Pommes de terre, par les lotions réitérées, ne font qu'altérer la beauté du Pain fait avec cette Farine, lorfqu'on les y laiffe, fans lui communiquer aucune qualité nuifible. Et comment pourroit-on les regarder comme dangereufes ? Depuis deux fiécles, l'ufage des Pommes de terre devient de plus en plus commun ; & ce n'eft que l'année derniere, que l'Ouvrage où l'on parle de ces impuretés, & de la maniere de les enlever, a été rendu public : encore l'Auteur n'en parle-t-il que lorfqu'il propofe la préparation de cette Farine pour en faire du Pain ; Pain qui n'eft encore connu que de très-peu de Perfonnes, tandis qu'on mange tous les jours les Pommes de terre, telles pour ainfi dire, que la Nature les donne, fans autre préparation qu'une cuiffon groffiérement faite.

LA Farine préparée & lavée, ne fe conferve cependant que

juſqu'au mois de Mai ; elle s'altere vers ce temps , devient verte ; ſe pourrit , & n'eſt bonne à rien.

C'EST ſans doute un malheur , que l'humidité qui eſt inhérente à cette plante , & dont il eſt impoſſible de la priver , même lorſ- qu'elle eſt réduite en Farine , à moins qu'on ne lui faſſe éprouver une chaleur qui va preſque juſqu'à la cuiſſon , la rende incapable , ſuivant le Guide du Fermier , de fermenter , & par conſéquent , de faire du Pain ; c'eſt , diſons-nous , un malheur , que cette hu- midité prive les Pauvres pendant la moitié de l'année , de la reſ- ſource que fourniſſent ces racines ; mais cette raiſon ne les rend pas plus à craindre , que tous les fruits qui ſont dans le même cas. Les plus délicieux ne ſont-ils pas la plûpart ſujets à une pourriture prompte ? Eſt-il aliment qui ſe putréfie plus vîte que la chair des animaux ?

ENFIN , Meſſieurs , nous ne ſommes point touchés de l'auto- rité de Daniel Lang-hans , que l'Auteur de la Lettre traite de cé- lébre Médecin Suiſſe ; la maniere dont il s'exprime , ſuffit ſeule pour la faire rejetter , puiſqu'il n'y a qu'un Médecin peu inſtruit , qui puiſſe avancer que les écrouelles ſont extrêmement rares dans les Pays où l'on ne connoît point les Pommes de terre. Vous ſavez , Meſſieurs , qu'elles ſont communes à Paris , ſur-tout par- mi les gens que la pauvreté met hors d'état de ſe procurer des alimens d'une bonne qualité ; & cependant il y a peu d'années que les Pommes de terre ſe voient dans nos Marchés aſſez com- munément , pour dire qu'elles ſont partie de la nourriture du Peuple.

D'AILLEURS , l'autorité de ce Médecin , ne peut l'emporter ſur celle de Mrs. Gevigland & Sallin , tous deux Médecins de la Paroiſſe de Saint Roch , & deux de vos Commiſſaires ; ils vous répétent ici ce qu'ils vous ont déjà certifié de vive voix , & qu'ils avoient précédemment ſcellé de leur ſignature , dans une Brochure imprimée , dans laquelle on publie la maniere dont on prépare le Riz économique pour les Pauvres de cette Paroiſſe ; on voit qu'il y entre les trois cinquiemes de Pommes de terre ; &

ces

ces Mrs. nous affurent, tant de vive voix, que par leur Certificat imprimé à la fuite de cette Brochure, « que cet aliment eft
» non-feulement plus propre à la fanté que tous ceux que peu-
» vent fe procurer les Pauvres ; mais encore qu'il prévient beau-
» coup d'infirmités auxquelles font fujets les enfans , & qui en
» font périr un grand nombre, telles que le carreau ou gros
» ventre, les ulceres, maux d'yeux, l'atrophie & autres mala-
» dies ; nous ne pouvons, ajoutent-ils, trop recommander l'ufa-
» d'un aliment fi avantageux, qui eft agréable, & fur lequel
» l'expérience a prononcé par le fuccès le plus conftant. »

COMMENT un aliment qui mérite ces éloges, pourroit-il produire les écrouelles, dont la caufe la plus commune, eft la mauvaife nourriture ? Eft-il maladies plus voifines des écrouelles, que
celles dont nous venons de faire mention ? Ne pourroit-on pas
même les regarder à jufte titre, comme fcrophuleufes ? Dira-t-on
qu'un aliment qui prévient à Paris des maladies prefque fcrophuleufes, fi elles ne le font pas, donne les écrouelles en Suiffe ?

Nous terminerons, Meffieurs, par une derniere réflexion. Une
des principales propriétés des Pommes de terre, & qui les rend
particuliérement recommandables, eft, fuivant les Auteurs,
d'améliorer le lait des animaux, & d'en augmenter la quantité.
Mrs. Gevigland & Sallin, vous ont attefté qu'ils avoient remarqué qu'elles produifoient le même effet chez les Nourrices des
pauvres enfans de la Paroiffe de Saint Roch ; c'eft même à cette
caufe qu'ils ont attribué le changement favorable qu'ils ont obfervé dans ces enfans. Or, des Médecins ne pourroient jamais
penfer qu'un aliment qui produit un changement fi avantageux
dans le lait des Nourrices & des animaux, puiffe devenir la
caufe d'une maladie, qui, chez les enfans, ne doit fi fouvent
fon origine qu'au mauvais lait que leur fourniffent des Nourrices
pauvres & mal nourries.

SI les raifons que nous venons de vous expofer, Meffieurs,
nous ont déterminés à regarder les objections que l'Auteur de la

L

Lettre anonyme propofe contre l'ufage des Pommes de terre, comme mal fondées ; fi nous penfons que fes foupçons n'ont aucun motif réel, nous fommes bien éloignés de blâmer le zele de ce Citoyen ; nous fommes au contraire perfuadés qu'on ne fauroit en faire trop voir dans une affaire auffi importante, que tout ce qui concerne la nourriture des hommes & des beftiaux, & qu'on ne doit rien négliger pour écarter jufqu'aux moindres doutes, & diffiper les craintes les plus légeres. *Signé*, P. BERCHER, MACQUER, P. GEVIGLAND, ROUX, DARCET, SALLIN.

Le Samedi vingt-trois Mars mil fept cent foixante-onze, la Faculté de Médecine affemblée pour entendre la lecture du Mémoire fait par les Commiffaires qu'elle a nommés, pour donner leur avis fur l'ufage des Pommes de terre, a approuvé en tout le contenu de ce Mémoire, & elle a arrêté qu'il feroit la réponfe que la Compagnie auroit l'honneur de préfenter à M. le Contrôleur Général.

L. P. T. R. LE THIEULLIER, Doyen.

LETTRE

DE

M. LE CURÉ DE MONDREVILLE,

A M**.

Sur l'état de la Culture de sa Paroisse,

Depuis 1762, jusqu'en 1770.

LETTRE

D E

M.^{ LE} CURÉ DE MONDREVILLE,

A M * * :

A CHATEAU-LANDON.

VOUS ne comprenez pas , Monſieur, le bien que produit la liberté du Commerce des Bleds que le Souverain a accordée ; vous regardez même cette faveur comme nuiſible au bien public. Je ne ſuis peut-être pas ſi clairvoyant que vous , mais quelques foibles que ſoient mes lumieres , je crois voir évidemment les grands avantages qu'elle a produit , & voici mes preuves.

IL n'y a pas plus de tems que j'habite ce Pays que vous , & le ſol où je fais ma réſidence eſt peut-être de toute la France le plus ingrat. La nature ſi bienfaiſante aux autres climats , lui a refuſé & l'eau & la terre : nous n'avons ni ruiſſeaux ni fontaines , & notre ſol n'eſt que du grès en poudre , uni à un peu de terre glaiſe , &c. &c. &c.

Il y a huit ans que j'habite cette contrée ; tems où l'on n'avoit pas la liberté de vendre ses denrées : rien de si misérable que ce Pays ; on comptoit les Pauvres par le nombre des Habitans ; une vaste plaine n'offroit à la vue qu'un Pays désert & inculte. Mais pour vous démontrer d'une maniere non équivoque ce que j'ai l'honneur de vous avancer, je vais vous mettre sous les yeux le tableau de ce Pays, année par année, depuis que j'y suis résidant ; c'est-à-dire, depuis Janvier 1762.

Année 1762.

Ce Village & deux petits Hameaux qui en dépendent, étoient composés de soixante-cinq Feux.

Le Bétail de {
33 mauvais Chevaux.
36 Vaches.
5 petits Troupeaux.
15 Anes.
}

Il y eut cette année *trois* Mariages, dont *un* contracté par deux sexagénaires.

Dix Baptêmes.

Huit Enterremens d'Enfans, & *un* d'une femme âgée.

Deux cents arpens en friche.

Année 1763.

Onze Baptêmes.

Neuf Sépultures d'Enfans.

Même nombre de Bétail.

Un Cheval de moins.

Deux Feux de moins.

Deux cents vingt arpens en friche.

Année 1764.

Quatorze Baptêmes.

Treize Sépultures d'Enfans , & *une* d'un sexagénaire.

Trois Feux de moins , *deux* Chevaux , *trois* Vaches & *un petit Troupeau* aussi de moins.

Deux cents cinquante arpens en friche.

Année 1765.

Sept Mariages.

Treize Baptêmes.

Dix Enterrements d'Enfans.

Trois nouveaux Ménages.

Six Chevaux , *sept* Vaches , *cinq* Anes d'augmentation.

Et *quarente* arpens de défrichés.

Année 1766.

Sept Mariages.

Douze Baptêmes.

Onze Morts ; dont *trois* chefs de famille & *huit* enfans.

Dix Chevaux , *huit* Vaches , *deux* petits Troupeaux , & *huit* Anes d'augmentation.

Quatre-vingts arpens de défrichés.

Année 1767.

Deux Mariages.

Neuf Baptêmes.

Six Enterrements ; dont *trois* chefs de famille & *trois* enfans.

Deux nouveaux Ménages.

Dix Vaches, *neuf* Chevaux d'augmentation, & *trois* Mulets.

Cent arpens de défrichés.

Année 1768.

Deux Mariages.

Douze Baptêmes.

Dix Morts ; *cinq* enfans & *cinq* personnes âgées.

Dix Chevaux, *dix-sept* Vaches, *un* petit Troupeau, & *dix* Anes d'augmentation.

Cent cinquante arpens de défrichés.

Année 1769.

Douze Baptêmes.

Cinq Sépultures ; *quatre* d'enfans, & *une* d'un chef de famille.

Quinze Chevaux, *vingt-cinq* Vaches, *cinq* Mulets d'augmentation.

Deux cents arpens de défrichés.

Année 1770, jusqu'au mois d'Août.

Sept Mariages.

Huit Baptêmes.

Deux Enterrements.

Il ne reste plus que *vingt* arpens de friches.

RÉCAPITULATION *ou Tableau de ce Village, depuis Janvier 1762, jufques & compris 1764; & depuis Janvier 1765, jufqu'en Avril 1770.*

	Années 1762.	1764.	1770.
Feux.	65 :	60 :	72
Chevaux.	33 :	30 :	80
Vaches.	36 :	33 :	100
Anes.	15 :	15 :	38
Troupeaux.	5 :	4 :	8
Mulets.	:	:	8
Arpens de friches.	200 :	250 :	20

SUR LA POPULATION.

De 1762, 1763 & 1764.

Trois Mariages, dont un con- }
   tracté par deux fexagénaires. } *bon pour.* . . . } 2 Mariages.

Trente-cinq Baptêmes, trente } *la population.* } 5 Enfants.
   Enfans morts. }

Cinq Ménages de moins.

De 1765, 1766 & 1767.

Seize Mariages. } *bon pour.* . . . } 16 Mariages.

Trente-quatre Baptêmes, vingt- } *la population.* } 13 Enfans.
   un Enfans morts. }

Cinq nouveaux Ménages.

De 1768, 1769, jusqu'en Avril 1770.

Neuf Mariages.   } *bon pour*.... } 9 Mariages.
Trente-deux Baptêmes, neuf } *la population.* } 23 Enfans.
Enfans de morts.

N. B. Les trois nouveaux Ménages de 1765, & les deux de 1767, font cinq Ménages qui font venus s'établir à *Mondreville.*

OBSERVATIONS.

Première Époque.

IL faut obferver, 1°. que les foixante-cinq Feux étoient prefque tous compofés de Mendiants & à charge à qui vouloit : ils furent réduits à foixante, parce que les hommes, ainfi que les animaux, font impérieufement forcés d'abandonner la terre qui ne peut les nourrir, de fuivre & de chercher leur pâture.

2°. QUE de ces trente-trois Chevaux, réduits à trente, le meilleur ne valoit pas fix piftoles ; & les trente-trois Vaches, prifes collectivement, ne valoient pas cent piftoles. Les animaux, ainfi que les hommes, étoient chétifs & miférables.

3°. QUE nous eûmes à cette époque des Voleurs & des Incendiaires.

Seconde Époque.

AUJOURD'HUI le moindre Cheval (*) vaut *dix piftoles* ; les Vaches, l'une portant l'autre, valent *fix piftoles* ; il y a *huit* bons Troupeaux, &c. &c. Et notez bien, point de Pauvres qui mendient, prefque plus de friches, & plus de Voleurs.

(*) Tous les Chevaux de ce canton font entiers.

RÉFLEXIONS.

RÉFLEXIONS.

A quoi attribuer cette heureuſe révolution ? Le climat n'eſt point changé, les terres ſont les mêmes, preſque même nombre de Cultivateurs, les Impôts ne ſont point diminués. Alors je me ſuis dit :

Le Cultivateur incertain du produit des terres, par la grêle, les gelées ou autres accidents, accablé d'Impôts, néceſſaires ſans doute, mais très-onéreux par la maniere de les percevoir, trouvoit encore des reſſources à franchir ces obſtacles. Mais dès-lors qu'ont parus les prohibitions ou défenſes de diſpoſer à ſon avantage du produit de ſes avances, de ſes peines, de ſes travaux, de ſes craintes ; dès-lors qu'on lui a fait enviſager comme une grace, de lui prendre à vil prix ce produit qui lui coûte tant ; alors ſon émulation, ſon ſavoir faire & la fertilité des hommes & de la terre, ont été frappés de mort.

Aussi ai-je vu, dans ces tems malheureux, l'écorce de la terre, à peine ouverte, ne pouvoir fournir des ſucs aux plantes qui lui étoient confiées, & les chaleurs de l'Été brûler ce que les rigueurs de l'Hyver avoient ménagé.

J'ai vu, oui, j'ai vu des peres bénir le Ciel de ce qu'il leur enlevoit ce qu'ils devoient le plus chérir : leurs enfans. J'ai vu des meres, les larmes aux yeux, envoyer ce fruit ſacré, ce gage de leur amitié, dans ces Hôpitaux, en leur ſouhaitant, comme un bonheur, la mort qui ne tardoit pas à leur obéir. Voilà ce que produit la miſere !

Il réſulte de ces choſes, ſur leſquelles j'ai gémi, que le fléau des priviléges, ces entraves ſur la liberté du Commerce, tel que ces brouillards ou ces vents enflammés qui deſſechent, brulent & détruiſent tout ce qu'ils frappent, avoient formé un déſert de nos Campagnes. La maigreur, l'abandon, le découragement des hommes & des animaux, offroient l'image de la miſere, l'obſ-

M

tacle à tout encouragement , & l'anéantissement de la nature. Tout enfin préfageoit une famine prochaine & réelle.

EN 1764 , on rend aux Cultivateurs leur droit naturel, la liberté de tirer le plus grand avantage du produit de leur travail ; mêmes terres , même climat, mêmes Cultivateurs , mêmes Impôts : la nature change de face, la terre , les hommes & les animaux acquièrent une nouvelle force.

LES hommes toup-à-coup deviennent plus laborieux , les animaux plus vigoureux leur obéissent , & la terre plus fertile , fait disparoître les crimes avec la suprême misere.

ALORS je me suis dit encore :

CETTE fertilité a demandé des soins ; ces soins ont exigé des avances , & ces avances ont supposé une libre circulation qui vivifie toute la nature ; parce que c'est à la faveur de cette liberté , que le Cultivateur s'est refait des avances. C'est elle qui lui a fourni libéralement les moyens de rendre annuellement à la terre la fertilité. Alors , l'émulation a reparu , les Cultivateurs ont amélioré , ont étendu leur culture. Encouragés par leurs succès , ils font leurs efforts pour augmenter leur bien-être , & ce bien-être a rendu la terre , les hommes & les animaux plus fertiles , les Propriétaires plus riches , & l'État plus abondant.

VOILA , Monsieur , ce que j'ai à vous objecter contre les craintes que vous avez sur les mauvais effets de la liberté du Commerce des Grains.

J'AI l'honneur d'être , &c.

De Mondreville , le 2 Avril 1770.

www.ingramcontent.com/pod-product-compliance
Lightning Source LLC
Chambersburg PA
CBHW060635100426
42744CB00008B/1641